書訪

独立书店瞰北京

慕月 刘二囍◎著

金城出版社
GOLD WALL PRESS
·北京·

图书在版编目（CIP）数据

书访：独立书店瞰北京 / 慕月，刘二囍著 . —北京：金城出版社有限公司，2021.5
ISBN 978-7-5155-2109-1

Ⅰ. ①书… Ⅱ. ①慕… ②刘… Ⅲ. ①书店—介绍—北京 Ⅳ. ① G239.23

中国版本图书馆 CIP 数据核字（2020）第 230651 号

书访：独立书店瞰北京

作　　者　慕　月　刘二囍
责任编辑　雷燕青
责任校对　郝俊伟
责任印制　李仕杰
开　　本　880 毫米 ×1230 毫米　1/32
印　　张　8
字　　数　200 千字
版　　次　2021 年 5 月第 1 版
印　　次　2021 年 5 月第 1 次印刷
印　　刷　小森印刷（北京）有限公司
书　　号　ISBN 978-7-5155-2109-1
定　　价　59.80 元

出版发行　**金城出版社有限公司**　北京市朝阳区利泽东二路 3 号　100102
发 行 部　(010) 84254364
编 辑 部　(010) 64210080
总 编 室　(010) 64228516
网　　址　http://www.jccb.com.cn
电子邮箱　jinchengchuban@163.com
法律顾问　北京市安理律师事务所（电话）18911105819

推荐序1 找寻书店的城市底色

雅倩 《书见》系列主编

从 2015 年出版的《愿天堂就是书店的模样：探访广州独立书店》，到如今的这本《书访：独立书店瞰北京》，二囍、慕月，以及 1200bookshop 团队的城市书店探访计划的新成果，又和大家见面了。同时，也有幸在时隔六年之后，为城市书店探访计划的第二本书写下这篇序言。

慕月与我同龄，拥有着令我羡慕的对于生活的极大热情：喜欢运动，更擅长徒步、潜水，厨艺高超，同时弹得一手好吉他。2020 年在工作近十年之后，又成功申请到了美国华盛顿大学的研究生。我着实佩服慕月重新选择自己生活方向的勇气。当然，我们也有着相同的对于书籍、阅读和书店的热爱。从慕月细腻的文字中，我看到了那些熟悉的书店背后，呈现出的鲜为人知的故事。

二囍是 1200bookshop 的创始人，1200bookshop 首店于 2014 年 7 月开业，如今已经走过了 7 个年头。目前在广州拥有 6 家分店。其中，2020 年年底刚刚开业的荔枝湾公园店，坐落于老西关的居民区，具有浓厚的老广州的氛围。同时，二囍这次把书店设计成了“楼下书店，楼上住宿”的形式，楼下书店可供住客 24 小时使用。1200bookshop 从最初的“不打烊书店”到如今的 1200book&bed，都是一种贴近广州这座城市的方式。

在探索书店与城市的关系上，二囍和 1200bookshop 团队的脚步并没有单单停留在广州，而是走向了北京、上海、台北、东京……所以才会有了这本书的诞生。让我们也有机会看到那些富有北京这座城市特色的书店，比如：藏在四合院里的小众书坊、正阳书局，老厂房改造的码字人书店、全民畅读书店，等等。

不得不承认，北京是一座曾经倾注了我太多感情的城市。虽然我最长的“北漂”经历不超过 6 个月，但这个距离家乡最近的大城市，一直是我们儿时颇为向往的“外面的世界”。后来，我终于短暂地拥有过这座城市，即便没有留下来，但还是带走了许多美好的回忆。离开北京之后的十年里，我每年都会回去，而且几乎每次去北京的生活轨迹都是围绕着书店。

这座城市的书店风景，总是变化得太快。身在北京之外，常常会听到某家老书店关门闭业的消息，但同时，也总会有令人惊喜的新书店开业。书店的生老病死，本就是常态，不过，一家我们曾经熟悉甚至热爱的书店的消失，还是会令爱书人感到几分惆怅。好在，总会有层出不穷的新书店出现，给我们带来新的寻书、会友的好去处。

书店总是能够自然流露出一座城市的底色，所以在这本书的书店里，你能够看到老北京与新北京的文化碰撞与交融，能够看到北京的书店人在这座城市中的最本真的生活状态。

我想，对于很多爱书人来说，能够在城市的转角，不期而遇一家好书店，一定是令人怦然心动的际遇。同时，在你熟读了一家书店背后的故事之后，再去按图索骥，无疑也会有另一种相见恨晚的悸动。

期待未来，二囍、慕月，以及 1200bookshop 团队能够为我们带来更多城市书店探访系列的好书，带领我们发现更多好书店。

推荐序 2

那些理想书店背后的故事

李婧璇 《中国新闻出版报》记者

作为一名“书记”（“书业媒体记者”自称），我非常荣幸能够为这本《书访：独立书店瞰北京》撰写序言。

半是职业习惯，半是个人爱好，每到一地，我总会遍寻当地的独立书店，去瞧一瞧、坐一坐。于我而言，这是了解一地文化特色的“捷径”。

“书山有路勤为径”。在这个一切都快到难以或者来不及细细琢磨的年代，独立书店或许可成为我们探求一座城市文化底蕴的“窗口”。透过它们，我们可以了解这座城市的文明之光。

若论起我与北京独立书店的缘分，还是2009年年初来北京实习时为一家杂志写稿，去探访当时位于北京蓝色港湾的单向街书店（现统一更名为“单向空间”）。

那时，还是书店“小白”的我，至今仍记得走进这家书店的感受。从环顾书店的图书选品、陈设布置，到与店员的交流等，我不由感慨道：“这就是我心中的理想书店的模样。”

“近水楼台先得月”。利用工作之便，让我有了更多的机会、途径去探访越来越多的独立书店，北京书店诸如一个书店、彼岸书店、全民畅读书店、SKP RENDEZ-VOUS 等，上海书店诸如钟书阁等，南京书店诸如先锋书店等，杭州书店诸如晓风书屋等，让我愈发敬佩书店从业者们，是热爱、是情怀还是理想，支撑着他们一路披荆斩棘走过来！

书店不好做，书店的日子也不好过，为什么还有这样一群书店人躬耕其中，奉献自己的青春和理想？翻看《书访：独立书店瞰北京》，在《万圣书园：书店界的扫地僧》《前流书店：那改变明天的已为今天所改变》《旁观书社：旁观的态度，使人受益于朴素的思索》《小众书坊：心上没有诗歌，就像地上没有花朵》中，我们寻求到了答案。这些面临种种压力仍然存在的一家家独立书店，宛若一株株雪后红梅，傲然独立。

书店对于我们的生活意味着什么？每个人的答案都会不一样。我自己的答案，则是不可替代。

还记得 2014 年 4 月 26 日晚，我和一群马尔克斯迷们，在位于美术馆中街的三联韬奋书店内排队 24 小时接力诵读《百年孤独》，蜿蜒的长队，热情交流的读者们……这一幕，如果切换到其他场景中，会呈现什么样状况？不，只有书店，只有在书店，才是最恰当的存在。

北京居大不易，对于实体书店更是如此。随着近年来北京市《关于支持实体书店发展的实施意见》的大力实施，北京实体书店扶持补贴资金的政策落地，北京阅读季营造的良好阅读氛围，等等，我们欣喜地看到越来越多更具创意和活力的北京独立书店，就像一个书店等，都在本书中“闪亮登场”。

在我看来，北京的独立书店，同北京的胡同一样深具魅力。外地友人来京旅游，都被我安利过各种独立书店之旅，如逛大栅栏，就一定要去看看位于北京坊的 PAGE ONE；去逛王府井，则一定要瞧瞧那里的言几又……因此，本书也可以作为北京独立书店之旅游指南——“书店里的北京”，去观察这座城市人间烟火气的文化底蕴。

翻看《书访：独立书店瞰北京》，让我们可以一观诸多优秀书店同行，感受他们的柔软、温存和勇往直前，体察理想书店的模样。更期待读者朋友们，带着这本书，按书索骥，走进书中的北京独立书店，去倾听那些书店背后的故事！

自序

慕月

飞机降落在北京，是2018年12月，距离我离开这座城市前往广州生活已有4年。4年，感觉只是一瞬间。但我很快就意识到，时间在我的身上，发生着潜移默化的作用。出了地铁站，仅仅走了两步，我这个北方人就被冻得怀疑人生。其时，北京正经历多年难遇的寒潮，气温直逼零下十度。第二天，我就乖乖穿上了朋友借给我的一身行头：长及膝盖的羽绒服，厚实的羊绒围巾，还有手套。我惊讶地发现，我在广州根本没机会穿几次的羊毛大衣，在北京穿的效果就像穿了层纸。

惊讶还在继续——

我在北京读书及工作了7年，从来没觉得马路居然这么宽，出一次门居然要花这么长时间，在东直门换乘13号线的地铁站里居然走了10分钟……尽管住在地理位置相当便利的东直门（二环），但一开始按照广州出行平均时间计算的我屡屡迟到。

除此之外，北京城的许多地方变化之大令我咋舌。比如前门，在我上学时，印象中就像个旅游小商品集散地，而这次，当我和朋友漫步于辉煌的北京坊，这位土生土长的北京朋友一路不停地拍照——我从广州来，而他，刚从澳大利亚大农村回到北京。

这就是我前往北京探访独立书店的开端。我花了一些时间重新适应这座城市，同时，我也获得了新鲜的视野和观感。至少我开始意识到，很多东西并不是一直就是如此，它跟我们观察的视角与参照物有很大关系。书店亦是如此。

在出发之前，包括在采访书店的过程中，我一直问自己，也被很多人问到的问题，就是究竟应该从什么角度去写这些书店？描写这些书店空间的装潢、陈列吗？已经有很多人写过了。而且，在这个读图时代，文字已经不是最好的记录方式。采写这些书店的经营策略吗？也有不少探讨这方面的文章。身为同行，我想这也不是一个恰当的角度。我需要找到一个切入点，既符合我的兴趣，也和1200bookshop一贯倡导的注重人情味的精神合拍。

思考颇花费了一些时间，直到我回想起大约一年前写的20世纪90年代一些广州独立书店的文章。在采访过程中，令我印象最为深刻的是一家创办于20世纪90年代初，在90年代末易主，最后于2013年关闭的书店。大约20年的时间，两任店主和部分店员的回忆如同狄更斯笔下《双城记》的开头："我大概遇上了一个好的时期吧！""我可能碰上了书业最坏的时候？！”

好吧，我承认，在读大学之前，我经常差使我妈妈去书店帮我买书。在北京的 7 年，我几乎没踏进过实体书店一步。是什么决定了书店行业的变化，让不同时代的店主产生如此截然相反的感受，这是广州一地的现象还是北京亦是如此？在飞速发展的时代变迁中，每位书店创办人开书店的目的又有着怎样的不同？又是什么促使他们做出开书店的选择，并让自己的书店空间拥有当前的呈现？

因此，这本书是从“人”的角度出发，试图探讨参与塑造书店空间的人的动机、理念，以及随着时代变迁，他们的改变又如何作用于书店的空间。当然，这不是一本学术著作，所以更多的是讲述书店创办人的故事，只是做了“呈现”。

从 1988 年成立的可谓中国第一家独立书店，到我去采写时才刚刚开业几个月的新书店，在我探访了 30 多家独立书店，采访了将近 20 位书店创办人之后，近 30 年的跨度，让我开始尝试得出一些结论。

我希望这本书可以起到一个引子的作用，也就是说，当你读到他们的故事之后，你不仅仅把这家书店看成一个单点，而是能从这个点出发，连缀出一条线。在这条线上，或是这家书店的变迁，或是同时代其他书店业态的比较，思考它们的变化或者相较不同的原因，可能更为有趣。

再说回这本书，很明显，北京的独立书店远比我探访的要多（事实上，究竟什么是独立书店，在概念上或许每个人都有不同的看法），就我去过的、采访过的独立书店来说，在写作上每一家都平均分配并不是很好的主意。因为能力有限、时间有限，获得的素材多寡不一，精彩程度差异也比较大。更何况很多著名的独立书店已被反复报道，矿也挖掘得差不多了。因此，在素材足够的情况下，我优先选择了一些创办人的故事相对没有被广泛报道的书店来写。

除此之外，此次回京，深感北京地域之广大，不仅孕育了多元化的书店，同时也限制了我的行动范围。北京不同于广州，一天之内可以毫无压力地跨越好几个城区。引用我采访的一家独立书店店主的话说，在北京逛街，简直都不想走到马路对面。城区范围之大，一天最多只能逛一个区域的一个商圈。

因此，在每一篇文章之后，都附有周边的书店简介。这些书店的选择主要依据的是它们自身的特色。当然，这是我的主观判断，对于一些我觉得比较有意思的书店，邀请几位朋友写千字文介绍，其余则是几句话的特点概括。我想提醒打算按书索骥的读者，出发之前，不妨先查查地图。也许你还会发现一些被我遗漏的但可能更吸引你的书店。

最后，我要感谢接受我采访的各位北京独立书店的店主。因为距离遥远，他们多数并没有来过 1200bookshop，也并不一定知道。但在我贸然和他们联系之后，他们都很爽快地答应了采访的要求（身为同行，我知道采访邀约有时多到干扰日常工作）。在我来到北京之后，他们不仅热情地接待了我，很多人请我吃饭，还送我很多礼物，并为我推荐值得一逛的其他书店。

记得前往创办于 1988 年的三味书屋，拜访创办人之一的李先生之后不久，我接到了另一位创办人——李先生的夫人刘女士的电话，已经将近80岁的刘女士在电话里向我致歉，因为身体原因现在已经不接受采访。但她说，很高兴看到有更多新的书店出现。至于他们的书店为什么还在勉力维持，她说："我们只是觉得，长安街不能只有银行和商场。"

我想，或许这就是在瞬息万变的当下，独立书店虽起起落落但始终存在的原因吧。虽然探访的时间有限，有很多未尽之处，但如果你看完这本书后，能得出属于自己的一点答案，这本书也就完成了它的使命。

目录

1 **万圣书园：**
书店界的扫地僧 /001

周边书店
豆瓣书店 /014
参差书店 /020
野草书店 /027
博雅堂书店 /031
彼岸书店 /034
一个书店 /039
驹然书舍 /049

2 **前流书店：**
那改变明天的已为今天所改变 /057

3 **单向空间：**
新的生活方式的定义者 /071

周边书店
READWAY 上海三联书店 /080
言 YAN BOOKS /082
建投书局 /086
SKP RENDEZ-VOUS /092

4 **佳作书局：**
距离百年老店还有 21 年 /095

周边书店
机遇空间 /107

5 **旁观书社：**
旁观的态度，使人受益于朴素的思索 /109

6 **三联韬奋书店：**
三里屯店里的深夜读书人 /123

周边书店
PAGE ONE /133

7 小众书坊：
心上没有诗歌，就像地上没有花朵 /135

周边书店
中国书店雁翅楼 24 小时店 /146

8 码字人书店：
开书店不是理想，是人生的疑问 /149

9 全民畅读书店：
我们开的不仅仅是书店，就是这么一个逻辑 /167

10 模范书局：
我们不能用情怀去担当一切 /183

周边书店
PAGE ONE /198
MUJI /199

11 内观堂书店：
就是图一乐 /201

附录：其他线路 /213

西城书店
三味书屋 /214
正阳书局 /217
纸上声音书店 /221
模范书局·诗空间 /226

东城书店
三联韬奋书店 /228
涵芬楼书店 /233
言几又书店 /236

致谢 /237
参考资料 /238

獲
得
消火栓
I CANNOT LIVE WITHOUT BOOKS

1. 万圣书园：书店界的扫地僧

文 / 刘二囍　图 / 慕月　文森

如果你是个开书店的人，不识得万圣书园的存在，那是会被笑话的。这就如同你生活在中国，不知道北京大学的存在一样。

在北京的万圣书园，就开在北大旁边，创办人是北大毕业的刘苏里。

不是所有书店都能叫书园

在英语语境里，伦敦的书店叫法通常是 bookseller，纽约的书店称呼是 bookstore，而东京普遍用 books 来作为书店的后缀。

在中文语境里，书店的同义词也是蛮丰富的，书屋、书舍、书社、书局、书院、书苑等叫法，应有尽有。除此以外，还有书园，以此为称谓的书店并不多，却有两间已大名鼎鼎。

万圣书园与季风书园，在中国独立书店的历史中，都占据着重要地位。这两间创办于 20 世纪 90 年代的书店，除了名字有共通之处外，还有很多相近的地方。季风书园的创办人严博非，与刘苏里是多年好友，迟了 4 年开办季风书园的他，想必也受到万圣的影响吧。只是，季风书园在 2017 年因无法描述的原因被迫关闭。

万圣，源于西方的万圣节，书店的标识“蓝鬼”的原型便是印第安人的鬼面具。至于原因，因创办人的生日是 10 月 31 日，即万圣节，这是一个蛮私人情感式的命名。然而，随着万圣书园成为北京城乃至全国著名的独立书店时，它的含义被一些人自顾自地解读成“一万个圣人”，似乎这样才与其精神气质相匹配。譬如诗人西川曾说过：“我宁愿把它理解成一万个圣人，这一万个圣人就是万圣书架上的作者。”

万圣不只是属于刘苏里的，更是属于公众的，公众的期待胜过了书店主人的私人情感，最终，万圣书园的英文名真的由原来的“Halloween Bookstore”改为“All Sages Bookstore”。

独立书店的先驱与传奇

1993 年，北京的 10 月末，初霜过后，香山上的枫叶更加浓艳，一片火红，达到极致。33 岁的刘苏里，放下了中国政法大学的教职，与同样是万圣节生日的甘琦一起，在高校聚集的海淀区开办了万圣书园。那时的他，也未曾料到，一间小小的书店，在贫乏的年代，价值被无限放大，最终成为海内外学子的精神家园。

万圣书园是中国最早一批的独立书店之一，由此，民营书店的浪潮被开启。如此算来，仅从开业时间上看，万圣书园已当属独立书店的先驱。

紧随其后——1993 年年底，薛野在贵州遵义创办了西西弗书店；1994 年，陈定方在广州创办学而优书店；1995 年，王炜在北京创办风入松书店；1996 年，钱小华在南京创办先锋书店；1997 年，严博非在上海创办季风书园。

20 世纪 90 年代，可以说是独立书店快速兴起的阶段。这批书店，都有一种共性，均是以社科、历史、哲学为主的学术型书店，而决定这种共性的一个重要原因，是书店

讀
書家境界

讀
書家境界
SAGESBOOKS

创办者作为知识分子的身份。

如果只是论及体貌，成长于乌苏里江边的刘苏里，粗壮健硕的典型的东北人体格，很难让人想象其是博览群书的儒家学者。然而，形似关云长，实则诸葛亮。本科就读于北京大学国际政治系，之后进入中国政法大学读研及任教的刘苏里，多谋高智，学识过人，被誉为最具文化水准的学者型书店人。

至于其他几间书店创办人：薛野，曾为1988年贵州省高考文科状元，就读北京大学，是刘苏里的师弟；王炜，从北京大学毕业后，成为北京大学外国哲学研究所教授；陈定方，中山大学中文系硕士；钱小华，南京大学中文系作家班毕业；严博非，华东师范大学获得哲学硕士后，在上海社会科学院做过10年哲学与中国近代思想史的研究。不难看出，他们都是高知分子，在书店选书上，学术性成为这些书店的主攻类型。

20年多过去了，风入松与季风书店已经不复存在，西西弗书店随着薛野的退出，切换成另一种画风。在整个中国，以学术性广为人所知的书店，只剩下北京大学旁边的万圣书园、南京大学旁边的先锋书店和中山大学旁边的学而优书店。

在书店走向文艺休闲体验、追求优雅浪漫创意的大趋势下，“独立的文化立场，自由的思想表达”这样的公共性思想文化平台越来越没有生存空间，一间严肃的学术性书店变得越来越难能可贵，放眼望去，万圣书园是将这种可贵保持得最纯粹与极致的那个，没有之一。

这种纯粹与极致的把控，离不开刘苏里强大的知识储备，这样一间学术性书店不是常人可以驾驭的。学识过人的他，常常被教授学者讨教，为其把脉论诊。像刘瑜、周濂等中青代学者，是书店的常客，听其授业解惑。

一个卖书的人可以做到指导学者写书，而这些作者已是众人眼中声誉卓著的师长。在这点上，很难有人企及，已是传奇。

打通清华与北大血脉的神话

除了依仗书店主理人这条大河，纯粹与极致的学术性书店，能够得以延存并光大，一定程度上也得益于其区位。

万圣书园旁边不仅有北大，还有清华，与这两所中国卓越的高校为邻，成为万圣得天独厚的优势。万圣书园周边的学生和教授成为主要消费群体，不少学术书倘若放在其他书店可能无人问津，只有在万圣书园才会受到青睐，或者说卖得出去。书店内经常可以遇到白发苍苍的老者，擦肩而过的他们，很多都是学术领域的“大鳄”。在全国的书店业里，可以说万圣的读者是受教育程度最高、学识最渊博的。

特殊区位的受众人群决定了书店内的图书结构不会随波逐流。如果留意各个书店的畅销榜单，便会发现万圣书

他们来自祖国的五湖四海，

来自世界的四面八方，

但凡爱书的人，

来京之后首选的前往之地。

园收银台处的那块橙黄色木板上的书单是最出尘脱俗的。销售品类里，民主改革、社会政治等主题占据绝大部分，多为严肃、庄重、高贵之书，店内罕有市面上的畅销书。

蔡康永是万圣书园的拥趸者，对这间书店不吝喜爱之情。《蔡康永的说话之道》在全国各种书店热销，作为此书作者的他，很遗憾在万圣书园找不到自己的书，然而他却因此更爱万圣书园。

中国只有一个首都，那就是北京，因此决定着万圣书园不适宜称自己是本土书店。

万圣书园不只是北京的，而是全国的，北京作为中国的文化中心，辐射面超过国内任何一个城市。每天都有大量的人员来到北京，他们来自祖国的五湖四海，来自世界的四面八方，但凡爱书的人，来京之后首选的前往之地——万圣书园。像蔡康永这样公然示爱的京外公众文化人物，还有梁文道。梁道长是位读书人，基本每次来北京都会前往万圣书园，在他看来，很多书店都是形式大于实质，身临其境，最原始的冲动是拍照留念，而万圣书园是最纯粹的书店，除了书，还是书，而且是好书。

一间学术书店，成长于北大清华周边，这块土壤无疑最具养分。倘若换作其他城市，而非北京，想必定不会聚焦那么多目光，很难如此名闻遐迩。如果一间书店在北京成名，它必将会被整个中国知晓。

万圣书园是北京最著名的独立书店，于是，万圣书园成了全中国最著名的独立书店。

书店界的扫地僧

除了书，还是书，而且是好书。梁文道的这句描述，在很多人看来，便是对一间书店的最好评价了。

我还记得第一次去万圣书园时被震撼到的体验。置身

其中，明显可以感受到一种魔力，让人心惊。窄窄的过道，大量的书籍从地板被堆砌到天花板，没有多余的装饰，不浪费任何的空间，我从未见过书的密度如此之高的书店。

在书店业界追逐设计感、追逐最美书店的浪潮下，万圣书园几乎放弃一切设计装饰，只用书这个最本真的元素，

解
放

便呈现出一种无法复制的美感。

万圣书园不仅书多，更重要的是书好，几乎每一本都是想要拜读的。面对着那么多自己想看也看不完的书，那么多自己想看也看不懂的书，我会感到自己的渺小与微不足道，情不自禁地产生一种敬畏感。

好的书店，如同寺庙教堂一般，成为具有场所精神的空间，庄严而神圣。置身其中，人通常会心怀敬畏，安静有礼。这种敬畏感，在国内的书店，我有过两次强烈的感受：一次是在先锋书店五台山体育馆店的地下空间，一次是在学府路上的万圣书园。

在南京的先锋书店，硕大的十字架与黑色大幅人像照设置，使其宛如一座教堂，一位传道授业的神父；而万圣书园，更像是山巅上的一座庙宇，藏经阁里的一个扫地僧。

如果说踏入江湖是书店的命，那么北大与清华之于万圣书园而言，无疑就是左青龙右白虎，霸气十足。然而，万圣是个不认命的家伙，在书店纷纷转型升级寻求新的生机时，在普遍认为纯粹的书店将时日不多时，依旧我行我素，秉行着纯粹的极致的图书经营理念。在这个江湖里，万圣书园已经不屑于与谁拔刀论剑，俨然已成一代宗师。

而世间，终极版的宗师莫过于扫地僧。

万圣书园

地　　址：北京市海淀区成府路蓝旗营
　　　　　教师家属楼 1 号楼

电　　话：010-62768748

营业时间：10:00-22:00

豆瓣书店

文、图 / 慕月

邓雨虹说，在豆瓣书店，店员地位最高，老板地位最低。店员干的活她都干，店员不干的她也干。店员经常“指责”她和卿松：进这么多书干吗，推了多少次都卖不掉。

豆瓣书店的开店“传说”，早已在书店江湖上传颂多年。老板卿松和老板娘邓雨虹曾在著名的民营学术书店风入松工作，并在那里相识。风入松倒闭后，二人于 2006 年在北京大学东门的成府路，万圣书园的对面开了间只有 60 平方米的豆瓣书店，主营出版社人文社科类的库存书，以五六折的价格出售，凭借其选书的高品质而屹立至今。

至于豆瓣书店的名字，和豆瓣网没有什么关系。据曾在豆瓣书店工作过的，如今创办参差书店的八月记载，“豆瓣书店”是卿松去工商局给店名备案时，为了凑够 5 个备选店名而临时起的。原因很简单：卿松是四川人，觉得豆瓣酱是川菜的灵魂。谁承想其他几个书店名因各种原因均没能注册成功，只有“豆瓣书店”这个无心插柳之举，反而脱颖而出。八月说，她在豆瓣书店当店员时，真的收到过豆瓣网阿北的快递。

14 年后的今天，除了豆瓣书店的招牌换了几次之外，书店的内部陈设依然是老样子，没有任何装修。除了老板和老板娘，加上两个店员之外，满满当当的全是书。探访之前，八月曾嘱咐我，卿松不大看得上复合式书店，如果张口说了什么“大实话”，千万不要介意。

还好，探访当天没看见卿松。不知是进货去了，还是又重操几年前的旧业，在屋里做设计。这段公案在多篇报道豆瓣书店的文章里都有着呈现。卿松和一个艺术家朋友成立了“八月之光”工作室，给出版社的图书设计封面。然而没过多久，艺术家朋友签约画廊发了大财，之前攒下的 100 来个封面设计的活全堆在了卿松的身上。最后的结果是钱还没全收齐，他先进了医院——焦虑症，整宿失眠，着急啊。

为什么决定做设计？因为他想靠这个补贴书店。

“还不如做钟点工呢，现结。”邓雨虹表示无奈。

为什么又开始做了？“书店还是不行呗。”

RIPE APPLE

在多篇对豆瓣书店的报道中，卿松均提到豆瓣书店的黄金年代，那是2008年到2010年。他从上海古籍出版社、中华书局等出版社抢到一大批优质库存书，拉回书店时，已经有一大批闻风而动的读者守在书店门口，他们边拆包边抢购，找书的喊声混着人挤在一起的汗味儿，构成了那个黄金时代的最后一道金边。

“为什么开书店？这是我们被采访时回答最多的问题……例行答案是：喜欢看书啊。这是当年的初衷和冲动。可是，从来没有人问过，为什么还在开书店？”在邓雨虹的一篇豆瓣日记中，她曾这样写道。的确，独立书店在过去20多年中几经沉浮，成府路几番城头变幻大王旗。GQ报道中曾有记录，在行情最好的时期，豆瓣书店每天能卖6000多块钱。而到了2010年，京东“6·18”活动当天，连豆瓣书店的店员都守在电脑前抢半价图书。店员们来了又去，有的出了名，有的自己开了店，也有的被父母强行拉回家，理由是在书店工作一点也不体面。也对，在豆瓣书店的招聘启事里，对店员的工作内容是这样描述的：

> 搬书、整理书架、上书、打包、收银……苦力（店员）嘛，请自行脑补。脑补不了的，欢迎来店围观。
>
> 贴心提示：工资低，工作量大，上班时没空看书（划重点）。

不变的是购买库存书一律是现款现结，买个几千本，钱全部压在那儿，“少数卖得不错，大多数卖不出去”。

have a
light
day

那为什么还在开书店呢？

“觉得这么好的书不拿这么多，化纸浆实在可惜了。”邓雨虹说。有的书卖到最后一本就收起来不卖：“觉得舍不得，有了感情。”碰到有顾客一口气买几十册某本书，转手到孔夫子网上高价出售，他们还跟顾客吵了一架：“真的有客人喜欢这本书，只能到你那里买高价，不行。”又有读者建议他们搞会员制，弄弄会员积分什么的，也被他们拒绝：“担心有人为了积分，买根本不喜欢的书凑数。”

“书也是有灵魂的，并不能把它卖给一个并不爱它的人。”邓雨虹对我说。在那篇“为什么还开书店”的文章最后，她写道：

> 近来有没见过面的老顾客，在出差途中，刚闲下来，不是点外卖，不是游玩，而是告诉我们：快，快把我预留的书发过来。我没带书出来，发闪送。现在，马上发出，我不能今晚没有书看……
>
> 所以我们还在开书店。

豆瓣书店

地　　址：北京市海淀区成府路 262 号
（万圣书园对面）

电　　话：010-82626408

营业时间：09:00-21:30

周边书店

成府路

参差书店

文、图 / 慕月

八月说，自己的参差书店可能是北京最高的书店，位于五道口华清商务会馆的 11 层。她说欢迎来参差书店看云。

2018 年 11 月 25 日，参差书店开业。我去的时候开业还不到一个月，一切都还在起步的状态。从早上进门，八月就一直脚不沾地地忙活，先是打扫卫生，然后拆包刚收到的发票打印机。书还没有全部上架，她说因为系统总是出问题，没有完全录进去。这周的主要工作就是把系统搞定，完成全部图书的录入信息。

30平方米的书店，八月既是店长又是店员。我问是否有合伙人，答曰在上班写代码赚房租。在参差书店公众号的自述文章中，她说她与合伙人因同在校足球队而结识，家里没有矿，也不是富二代，开店资本就是她们工作这几年的积蓄。八月说，开书店比上班累多了。每天从早上忙到夜里，一睁眼就各种琐事，已连续很多天脸都没洗倒头就睡了。

开书店之前，八月在读库做编辑；再之前，她在豆瓣书店做店员，这是八月毕业后的第一份工作，为她的理想打下了基础。一本名叫《大石缝镇的小书店》的书，让她决定付诸行动。取名参差书店，是因为王小波在《沉默的大多数》里面曾引用罗素的话“参差多态乃幸福本源”，LOGO上带着围脖的兔子，则是纪念家中曾经豢养的宠物。兔子生娃之前会在脖子周围长出很厚的毛，之后用嘴咬下来垫窝用。八月觉得阅读也是这般不可或缺：“像食物一样重要，像呼吸一样自然。”

参差书店以旧书为主，涉及学术、社科、文学、建筑、科普、天文等。不卖教辅、成功学以及伪书，可借阅也可在店内阅读。八月说，她从读库离职后，就马不停蹄地四处考察书店，满城选址。最后选到五道口，觉得这里文化氛围好，综合设施也齐全。用八月的话说，北京是个不适合逛街的城市，城市太大、街道太宽，一天只能在一个地方完成计划中的事。八月期待来这里逛其他书店的人，能够顺道来参差逛逛，并把看过的书卖给她。

“第一步：考察书店。第二步：选址。第三步：注册，

100%
动手百分百
小朋友做大餐

开书店，

应该有多少痛苦也就有多少快乐吧。

那些来到小书店，

认真看书、买书，

并卖好书给她的人，

就像她在日记中写到的，

偶然看到在地铁里摆摊卖的花裙子，

让她觉得生活是美好的，

然后心甘情愿地继续着忙忙碌碌的

参差生活。

读书与旅行
THE ZERO
无言的

办证照。第四步：装修，采购，收书。第五步：上架，预热宣传。第六步：开业，运营。系统、数据、税票申领、报税、开对公账户、开社保开户，购置打印机、无线网等基础设施建设。第七步：打理店铺，日常营销。第八步：组织活动，会员管理，引流。”我去的时候，参差书店大约进展到了第六步。之后，就开始步入日常运营阶段。

八月组织读书会、换书市集；到处去收书、购书；在微信公众号推文，在淘宝做直播，在楼下摆地摊……每个月，都会在微信公众号发布当月的开店日记，详细甚至有些絮叨地记录着小书店每一天的点点滴滴：那些来到参差书店的形形色色的人，她卖出或者买入的每一本书，还有“失败”的经验与复杂的情绪……

> 非好书不想买了。要谨防自己成为麻木的，仅仅是为了贩书而买书的书贩。首先要买好书，在好书中再克制一下，尽量买能打动自己、能卖出去的好书。不知不觉，还是买了一堆只是自己想看的书。
>
> 书店店主是不是存在感太强了啊，要克制一些。
>
> 很烦那种进门后夸半天书店，又说书店不容易之类的，然后一本书不买的人，所以问我半天就是猎奇喽。这不是动物园，我也不是猴子……那种说以后多支持的人，买书就是对书店最大的支持，谢谢。

在八月的开店日记中，她说她的目标是开家能盈利的书店：“以此为生，那么此生无憾了。”在日记中，她不是没有过困惑与挣扎，但想到她对我说的：“以前不管怎么做，都觉得在为别人干活。自己开书店，无论累还是怎么样，都是自己的。”

八月的合伙人对她说：“你可以一直做下去，我能支持你十年。我相信你！如果书店有天做不下去了，也不会是别的原因，除非是你发自内心不想干了。”

我想，八月开书店，应该有多少痛苦也就有多少快乐吧。那些来到她的小书店，认真看书、买书，并卖好书给她的人，就像她在日记中写到的，偶然看到在地铁里摆摊卖的花裙子，让她觉得生活是美好的，然后心甘情愿地继续着忙忙碌碌的参差生活。

参差书店

地　　址：北京市昌平区龙跃苑四区 2 号楼底商 102

电　　话：15811224877

营业时间：10:00-18:00，每周二店休

【附记】

2021 年 1 月，参差书店由北京市海淀区五道口华清商务会馆迁至昌平区龙跃苑四区。

野草书店

文、图 / 慕月

周边书店

成府路

"☺☺特价图书，经典图书，售价已经打好，就等您选购了！您需要吗？咱们可以快递到全国各地！"

九宫格中，每一张关于书的照片拍得都很随意，用高饱和度的颜色 P 着几个大字：定价 ×× 元，我仅售 ×× 元。这个充满浓郁微商风的微信号，名字是 A 赵亮 5，意味着赵亮从 1 到 4 的 4 个微信号都已经满员。

赵亮是野草书店的老板。这家曾经位于北京大学的书店于 2017 年竞标失败，不得已离开了经营 14 年的老地方。

一个月后，野草书店搬至万圣书园的隔壁，成府路金泰超市地下一层。超市入口狭窄，门脸贴满广告。走至地下一层，正值午饭时段，偌大的超市外，是三五务工人员坐在就餐区吃着简单的盒饭，旁边挂着低价打折的各式衣服。野草书店占据着进门右手侧的一片区域，大约五六十平方米，没有任何隔断，只有三排书架，文史哲及学术类图书一字排开，和微信上九宫格一样，5.5 折、5 折、4.5 折……其粗糙犀利的风格，混搭着旁边的环境，和店名“野草”倒是相得益彰。

在北大 14 年，野草书店从不走精致路线，同样位于地下一层的书店招牌上黄底黑字简单粗暴地写着——“便宜才是硬道理！”玻璃门窗上横七竖八地贴着新书和打折的海报。据界面新闻的报道：“30 平方米左右的店面里没有一本教辅书，分类是中国文学、外国文学、中外历史、社会学、宗教、哲学、法条，其中商务印书馆和中华书局各占据小半江山。书柜上方贴着‘2–65 折’，‘特价’两个字更是随处可见……优势在于了解学生的需求。”为了满足师生的购书需要，野草书店想尽各种办法。报道中经常提及的是，北大法学院白建军的《关系犯罪学》停印了好几年，因学生有需要，野草书店最终让出版社加印，一口气卖出去两三百本。

野草书店的幕后推手是赵亮的姐夫李宏国，他出入各大物流仓库，从各大电商的退货堆里、图书馆馆配中精挑细选，筛出好书，不仅让它们起死回生，且以低于市场价的价格，给到懂得欣赏它们的读者手中。在 2017 年的报道

中，野草书店每天进货量达 100 本，店面图书品种有 6000 多种，全部上架品种最多时达到 1.6 万种。李宏国表示，进货量还需要增加。

为保持价格优势，书店在选址上受很大限制。很多人猜测，这是野草书店最终竞标失败的原因之一。不过负责销售的赵亮似乎并不太在意屈居于另一个地下一层。自 2014 年开始，赵亮在朋友圈售书以后，他的微信好友有几万个，不仅营收一半以上来自线上，他也得以从中获取并了解全国各地师生的购书需求。虽然卖书的道路一直走得很艰难，但赵亮和李宏国都相信野草的生命力。“二十年如一日，不忘初心！”A 赵亮 5 的签名这样写道，从他每天发的二十几条朋友圈的势头来看，野草还会野蛮生长下去。

野草书店

地　　址：北京市海淀区成府路 113 号金泰超市地下一层（地址可能有变，出发前请确认）

电　　话：13661322006

营业时间：08:00-21:00

博雅堂书店

文、图 / 八月

周边书店

北大

北大校园里的博雅堂书店和野草书店曾经比邻而立，主营文史哲、社科等学术书籍。那天终于抽空去逛了一圈博雅堂。

在北大门口被保安拦下，我给书店打了电话，书店又给门口保安打了电话才被放行……穿过空荡荡的校园，热闹的物美超市，辗转来到地下室一层，才看到这个安静的不起眼的小书店。博雅堂店面不大，应该有 60 平方米左右，书架全部为木质，商务印书馆的汉译名著系列占了大半面

墙，彰显着书店的学术性格，此外还有专为三联书店设立的书架。

博雅堂的营业时间是早 9 点到晚上 10 点半。从晚上 6 点逛到 8 点半，买了 13 本书。结账时发现可以提供邮寄服务。此外还提供新书预订、缺书登记、电话购书、打包托运、代查代找等服务。

店内冷气很足，全部木质桌椅，主营哲学宗教、社会研究、政治法律、历史地理、语言文字、文学艺术等图书，除部分 5 折、5.5 折的特价书，其余无论新旧只售 7.5 折。13 本书结账只有三百多块钱，平均一本才

26 元，心里并不是太高兴，反而有点心疼作者和编辑，一众人辛辛苦苦的劳作换算为货币，价值还不如一件衣服，一顿简餐。当然没有贬低衣食的意思，但是心里就是不太舒服。

转念一想，如果我觉得便宜，别人可能还觉得贵。真正买书看书的人不会因为贵就不买了，而觉得书贵的人也不会因为便宜就去买书。

博雅堂书店

地　　址：北京市海淀区颐和园路 5 号
　　　　　北京大学 45 号楼甲
电　　话：010-62756477
营业时间：09:00-22:30

周边书店

牡丹园

彼岸书店

文 / 慕月　图 / 罗心怡

用赵越超的话说，从 2009 年创办彼岸书店开始，几乎每天都有人想找他聊聊。而在决定开书店的半年时间里，更有无数的人对他进行了全方位的打击。

2009 年，正是实体书店批量关门的开始，最著名的当属曾经最大的民营书店第三极的倒闭。听闻第三极因亏损而搬出位于中关村大楼时，赵越超——他更为人所知的名号“钠木”——正在为即将开业的彼岸书店忙得昏天黑地。

在当年所写的彼岸书店开店日记中，赵越超事无巨细地记录了每一天的日程：从去甜水园图书批发市场挑书、签约各大出版商，到“微服私访”其他书店、咖啡馆培训员工，再到定制书架、挑选咖啡机、布置店面，甚至包括挑选门外草坪上铺的青砖，以及在砖孔里种什么草……

赵越超用事事亲力亲为的干劲，回答那些劝他不要开书店的人：开书店这件事他是认真的，否则，不会在30多岁辞去工作，一心一意投入到这个行业之中。而开书店的种子，在多年前已经种下：“首先，当然是从小的阅读习惯，逛书店、泡图书馆是小时候的兴趣。大学时代因为和同学们一起创办读书会，由此结识了当年风入松、国林风等前辈书店的开创者，开书店这颗种子其实就是在那时，在美术馆三联书店的大台阶上坐着看书时悄悄种下的。”

“彼岸”书店的名字，寓意着通过书籍到达智慧的彼岸。走进位于牡丹园彼岸书店的大门，迎面就是重磅推荐的书墙，用赵越超的话说，这些经过精心挑选的书是和读者对的“暗号”，哪怕一年只卖掉一本也要摆在最好的位置。为了让读者看到更多的好书，他专门从厂家定制书架，以便把更多地图书展示给读者。

书墙类似影壁，绕过之后，映入眼帘的是一个独具特色的中式空间。彼岸书店并不算大，装修设计在今天看来也不算高大上，但其神奇在展台和书架的布局参差有致，颇有一种移步换景的古典韵味。书籍选品多为人文社科艺术类，两侧设置多个书房，内设中式家具，可以在其中饮茶、读书，且经常举办读书、音乐等文化沙龙，和外面的空间互不干扰，但又相得益彰。

“普通的布置，巧妙地使用灯光，合理调整书架的高低，书与书之间、书与非书产品之间的逻辑关系，背景音乐的选择，顾客动线的规划，推荐字条的设计，小角落的利用，等等，这些其实都不需要花太多钱，只要真正用心去思考，每天都以不同的视角去审视空间，就可以让书店有一个全新的变化。”在彼岸书店十年之际，钠木写了一篇文章，分享自己的开店经验。和开店日记一样，他的文字朴素，不谈情怀，只讲实战。钠木不否认彼岸书店在开业前三年一直处于亏损状态，但抱怨没用，靠着不断摸索和调整业态，钠木找到了让“灵魂落地的方式”——利用书店的聚合能力+茶饮+书房空间的变现能力，主打“品位”、“体验”和“个性”，不断学习，不断满足顾客在这个信息爆炸的时代对严肃阅读、对美、对文化的持久需求。为此，钠木从不阻止顾客在书店拍照或记录书名。“因

为我自己也曾经这样做过，不管用何种形式，只要大家还坚持阅读，就一定会有人逛书店；只要还有人逛书店，书店就能有生存的办法。”

现在，钠木依然是个闲不住的人。除了经常要和别人“聊聊”之外，他不断调整着书店的布局陈设，并经常亲自上阵，制作书架和各种小物件。钠木戏称：开书店是体力活，却乐在其中。

彼岸书店

地　　址：北京市海淀区花园路 2 号
　　　　　牡丹科技大厦 1 楼（翠微大厦北侧）
电　　话：010-82282696
营业时间：09:00-22:00

一个书店

文 / 慕月　图 / 一个书店

如果想了解当今时代的速度，北京的西二旗可谓是最佳缩影。西二旗，明代是牧马场，改革开放前属于北京郊区。自 2000 年，中关村科技园在这里建成，网易、腾讯、百度、微软、华为、联想等各大科技公司纷纷前来划分势力范围。如今，这里是中国硅谷，甚至有了个洋气的英文名：Shelchi。

每天高峰时段，约有 22 万人次途经西二旗地铁站。一个歪果仁在油管上传的视频显示，密密麻麻的 Shelchier

本月活动现场
EVENT GUIDE
A-Readingclub · 一个读书会
A-Roleplaying · 一场好戏
本月活动：
西二旗有文化
小报
12月刊
挑本好书
商业：《知的资本论》

在这个唯快不破、日新月异的地方，

居然有个书店，主张回归经典。

它是一个书店。

对，“别问我是哪个书店，

就是一个书店”。

（西二旗人）像豆子一般滚进车厢，然后挤得像沙丁鱼罐头。路面交通也好不到哪里去，汽笛声此起彼伏，等车的队伍蜿蜒数十米。科技公司大楼彻夜灯火通明，程序员们的世界只有 0 和 1。互联网浪潮此伏彼起，迭代的速度决定着生存还是死亡。

然而，在这个唯快不破、日新月异的地方，居然有个书店，主张回归经典。它是一个书店。对，“别问我是哪个书店，就是一个书店”。

曾几何时，创办人之一的文海也和众多 Shelchier 一样，每天上下班走在影响中国科技发展的后厂村路上，直到有一天，他被调入所在互联网公司的商业部，开始做类似今日头条的信息流。技术难度大，投入成本高，但钱也赚得快，然而——“生产出来的内容没人看。”

他觉得没意思。“那什么有意思呢？回到一手资料吧。”然后，他决定开一个书店。这就是书店名字的由来。

2018 年 8 月，一个书店在西二旗龙域中心开张，创办人是文海和几位朋友。这可能是全北京科技化程度最高的书店。160 平方米的书店，却拥有自己开发的线上会员系统，可以借阅、续费，初次到店的“游客”还能领取一日免费体验卡。书店甚至一度考虑配备人脸识别系统，这样就可以随时随地给会员开门。

不过技术归技术，书店开张的第一件事，是成立了选书委员会。秉承着“不想树立权威，不想假装专家，只是想给你多一种可能性”的原则，一口气拒绝了 3 万本书。在一个书店选书委员会看来，“好书，首先是一个好的作品，作者决定了作品的水准。”他们从各领域的大家入手，站在历史的角度，梳理所在领域做出突破、开创或集大成的作者作品。同时兼顾出版社和编者的水准，从“人”出发，又回归作品。不轻易引入作者全集，也不轻易引入出版社丛书。最终，确定了七成经典、两成新锐潜力和历史低估，以及一成大师导读的书目，由此选出了9000本他们心目中的好书。

文海又从自己家里拿来1000多本书，在他看来，书店的书还远远不够。在我去探访书店的时候，更多的书正在等待上架，

书柜也在不断地调整之中。文海希望，进到一个书店里的任何一个人，都能够被他们的空间引导着——买，不，是挑到一本书坐下来，开始静心阅读。“读一个小时书，总比转两圈就走要好。我不希望书店是个景点。”

“不做购物中心的书店大卖场，而是做社区的读书俱乐部。”这是一个书店的理念。一个书店面向会员开放，更像是一个以西二旗为中心的年轻人聚集的公共书房。除了提供精选书籍的借阅（或购买，不过有些书是非卖品），还围绕书籍提供更多的精神生活提案，比如举办读书会、电影放映、Livehouse……一个书店还是一个下班以后来放松的好地方。

在这个过程中，一个书店渐渐聚集了一批忠实的读者，

在书店一周年之际，文海他们发起了故事征集：有人在这里充电补给能量；有人在这里遇到爱情；有人在这里遇到好久不见的幼儿园朋友；还有人在这里再次见到多年前旅途中曾互相帮助过的同伴……在位于高速运转的西二旗，一个书店的时间另有维度，来到这里的人，在书架上，看到的是古往今来历代作者的智慧之光，在一个书店里，

面对面和其他人相识、相熟，变成朋友，甚至伙伴。

而最重要的是，如进门处贴的对话所述：

Q：I have read lots of books but forgotten most of them. What's the purpose of reading？

A：When I was a child I ate a lot of food. Most of it is long gone and forgotten, but certainly some of it became my very bones and flesh.

Think of reading as the same thing for the mind.

——Jack Dahlgren

让阅读进入生活，成为刚需。这是文海所希望的一个书店的样子——为会员提供多种精神生活提案，为读者带来一个打开新世界的机会。

一个书店

地　　址：北京市昌平区龙域东一路龙域中心西区 118 号

电　　话：13716071911

营业时间：周二至周日 9:00-24:00

驹然书舍

文、图 / 慕月

周边书店

学清路

故事的开始，是魏其梵出于机缘加入了驹然团队。在这之前，他在蜜蜂书店工作，一个专注专业领域的小众书店，不打排行榜，所有的书都有严格的选品，平均 1.5 天就有一场活动。

现在，一切都不一样了。驹然团队是一个年轻的团队，面向的受众也是年轻人。驹然书舍所在的驹然 24 小时品质生活空间坐落在学清路，楼上是 8000 多人的写字楼；两公里范围之内，多是大学和科技公司。观察这里

请您一册一阅，读后还至原处。
鱼羊野史

美国梦
请您一册一阅，读后还至原处。

的夏天深夜，附近十字路口的人乌泱乌泱的，不是加完班才下班的上班族，就是没地儿刷夜的学生们。“人生天地之间，若白驹之过隙，忽然而已”，驹然的名字来源于《庄子·知北游》这句话。用魏其梵的话来说，现在的年轻人业余时间很少，他们需要加长版的活动时间，也需要一个综合性的空间，一站式解决生活中的各种需求。

因此，在驹然 24 小时品质生活空间里，有酒吧、发廊、超市以及餐厅等多种小店，24 小时运转的驹然书舍是其中之一。如果说茑屋书店是在书店的招牌下把生活方式的各个模块纳入其中，那么驹然 24 小时品质生活空间则是把这些模块从中间拿出来，和书店平行分布于一个商业体之中。魏其梵所在的整个团队的主营业务就是进行生活方式空间的设计与

运营，“生活方式店其实是一种融合性、综合性的店铺，用以满足顾客的综合性要求，店铺售卖的内容囊括生活衣食住行的各个方面。”“从周一到周五都跟上发条似的，周末还要陪家人，给自己的时间总是很仓促。”这就是他们打造驹然的目的，一个能让一家人都各得其所的空间。

回到驹然的24小时书店驹然书舍，作为图书文创事业部负责人，魏其梵开始走和蜜蜂书店完全不同的道路。2018年5月4日，正式开启24小时运营，这家400平方米的书店是继北京三联韬奋书店之后第二家24小时书店。它面向更多的是周边的学生、互联网人以及大学教师。尽管此次运营的是面向大众的书店，但在魏其梵看来，“至少一半以上要是真正意义的好书。会有大部头的书，但我们偏向单行本，套系书相对少一些。”他一再提到，中国农业大学一对70多岁的老教授夫妻曾对他说，教了一辈子书，家旁边终于有个像样的书店了。魏其梵认为这是对他的工作最大的认可和褒奖。

其实驹然面向的读者更多的并不是专业的读书人群体。驹然书舍里有一个“月亮和六便士”便利店，语出毛姆同名作品。魏其梵说，这个名字是把月亮比作书店，六便士比作便利店。“很多人来了就问，为什么叫月亮和六便士？后来口口相传，毛姆这本书就卖得特别好。”除此之外，卖得好的还有马尔克斯的作品。“很多人知道《百年孤独》《霍乱时期的爱情》，但不知道《苦妓回忆录》什么的，我想这就是书店取代不了的原因，我们是引导者，慢慢培养了一批涉猎者。”

驹然书舍位于驹然24小时品质生活空间的进门处。曾有人质疑，这个黄金地段用于开书店过于浪费。但在魏其梵和其团队看来，尽管书店投入成本增高，不像餐饮回报率那么大，但如果坚持打造文化体验，书店则是必不可少的。

“北京东边的夜生活是很丰富的，也有很多书店，而我们所在的北边却没有一个综合文化体验场所，没有除了科技之外的有关文化的东西。我们想填补这个空白。”驹然书舍开业以来，已经举办了多场活动，科技公司的发布会，以及附近北方交通大学、中国政法大学的活动……驹然书舍凝聚了周边

月亮和六便士

三四公里范围内的人群，并期望不断扩大。书店是一门长远的生意，在这个过程中，获得反馈，以便不断地调整。

魏其梵说："一天加班到深夜，忽然接到一个电话，一位顾客问我，你们是24小时的吗？我说是，顾客说太好了，我马上来买两本书。我觉得这就是驹然书舍存在的最大意义。"

驹然书舍

地　　址：北京市海淀区学清路甲8号
1层E座驹然24小时品质生活内

营业时间：24小时

2. 前流书店：那改变明天的已为今天所改变

文 / 慕月

一

“好东西太多了。”许多年后，当中意发出这句感叹时，他还记得那个冬天的上午。在逛五道口旧书市场时，他看到一本放满黑白相片的大相册。对方开价100，他嫌贵没买。第二年春天，他在报刊亭的《文汇报》上读到一则新闻：一位收藏家在潘家园的古董店找到一本圆明园被毁时的珍贵照片集。他默默地站在那里，读了半个小时。

那时，中意还不叫中意，他叫吕红松。2001年，当他来到北京五道口时，那里还没有被称为“宇宙中心”，五道口的含义也不等同于20世纪初詹天佑修建京张铁路通过的第五个道口。泛五道口区域更像是被清华大学、北京大学、中国地质大学、北京语言大学、北京林业大学、中国农业大学、北京科技大学、北京航空航天大学外加新东方包围

起来的巨大文化部落。铁路的北段，是众多学院和书店的所在地；南段，则是 20 世纪 90 年代号称“纽约东村”，北京朋克摇滚乐文化发源地。这里白天充满着书生气，晚上则充斥着愤怒的呐喊。每逢考试季，这里一半考托福雅思 GRE、一半考 HSK，许许多多来自不同国家的人们，因为一个共同的目标——求学，走到了一起。

其中也包括他，20 多岁的吕红松，如同民国时期的学子，怀揣着对政治文化中心的向往，从故乡湖南一路北上，一头扎进了千禧年之后的首都，处在巨大变化之中的五道口。那时，曾经孕育了万圣书园、雕刻时光等文化空间的成府路正面临“现代化”大改造，摇滚劲头尚未减退，科技创业暗潮汹涌。先后建起了清华同方、搜狐大厦，还有当时北京营业至最晚的书店——光合作用。

2002 年，地铁五道口站正式开通。据说，是内设五道口购物中心的优盛大厦楼顶的广告牌 U-CENTER 让“宇宙中心”的地位正式确立。高校、创业、科技、互联网金融……不变的可能只有大喇叭里重复播放的警告：“行人车辆请注意，火车就要开过来了，请在栏杆外等候，不要抢行，不要穿越栏杆。”

吕红松可能并没意识到这些变化，巨大的宝库已向爱书的他打开了大门——北京航空航天大学西门的五道口旧书市场，民国的书“满地都是”，初版初印的朱自清著作，只卖五块钱一本。报国寺每星期四晚上 12 点开的书市，售卖民国时期名人往来的书信，居然按信纸有没有花纹定价。周边文化机构也没有闲着，许多单位在清理库房，许多历史性的档案成麻袋地流出。他还记得自己碰上北京电影学院处理档案，一车一车被当废品卖掉，他扛了一袋回家，从里面翻出张国荣拍《霸王别姬》时和京剧指导签的合同。

吕红松没有想过要开书店，淘的书攒多了，就以“茶花女”的名号，在孔夫子旧书网上和其他一些热爱淘旧书的人互相买卖着玩。他也去北大著名的周末文化书市摆过地摊，由此结识豆瓣书店老板卿松，还有他的弟弟。有一阵子，他们经常在星期五的半夜出现在101中学门口，坐夜班车到北京站，再打的去潘家园，赶周六凌晨的卖书鬼市。后来，他们得出结论，北京火车站旁边三分之一的出租车都是黑车，因为计价表想怎么打就怎么打。如此一番折腾，到潘家园的时间差不多凌晨3点，那里已经人头攒动。

直至2006年，曾经的买家找到他，问是否有意一起合伙开店。吕红松动了心，用他的话说，开书店是想找个工具来推动自己。5年过去，北上求知的青年发现自己的思想状态已经很难突破，他需要找个外在的动力。这个动力要不大不小，在自己接受的范围之内——“就像国家改革一样，压力适度、方向可控。”

然而“改革”还没实行，就出了点意外。2007年，两位合伙人因为种种原因退出。那时距离北京奥运会还有一年，北大周边的房租已经涨了很多。一个偶然的机会，吕红松来到位于清华西门附近的一条小巷找一位朋友，惊讶地发现这个全是平房的小胡同里居然卧虎藏龙。酒吧、路边摊，还有实验音乐基地——“白糖罐”，口号是“我们

的生活比蜜甜”。胡同口的蓝羊书坊，曾是多年前成府路万圣书园的邻居，学绘画出身的老板在这里卖书卖唱片，也搞电影放映。书坊后面有个四合院正在出租，隔壁住着一帮画画的小青年，到处摆满了油画。

直至决定租下这里，吕红松的书店还没有名字。租辆面包车把家伙事儿搬过来时，他觉得自己必须得好好想想了。历史、时代……他决定把书店命名为“前流”——在时代前进的潮流中，体验中国老百姓的困苦。配合店名，他给自己起了个笔名，名叫“中意”。

二

我于一个寒冷的冬日推开前流书店的门，一股暖意夹杂着热腾腾的谈话声扑面而来。环视四周，店里第一多的是书，第二多的是人。进门旁边一圈人正围坐着嗑瓜子，大谈股市："你觉得自己抄的底价，没想到还有更低。但如果不买，涨多高也没你啥事儿。"另一侧有人坐在书柜前的小凳子上，正在疑惑："形式和形式主义有什么区别？"还有拎着行李箱来的小哥，在旁边坐着打盹。一个大冷天光脚穿一双拖鞋的哥们，正在展示他的最新发现：有人在他的固定车位旁施了"巫术"。他向我出示证据，手机里的一张照片显示，里面的自行车旁有一双被遗落的袜子。

这里没有咖啡区，只有像小卖部似的，在门口摆着一个冰柜，摞着几箱矿泉水和饮料，背景音乐就是嘈杂的人声。未见书店主人之前，我倒是结识了两位经常来的主顾：

其一，那位大谈"巫术"的哥们，名叫白探索。在书店早上还没开门时，他就已经在店门口等候。他说自己就住在后面，做过保安、保洁，如今在肯德基工作。他问我的第一个问题是看没看过《史记》，问我是否想过张良为什么不吃饭。他说据他的理解，是因为人在有情绪郁结于心时，会忽视外在的事物。这是他晚上弹钢琴时想到的。

其二，是一位年轻人。他穿一身黑色呢子大衣，头戴礼帽。嗯，我们不妨称他为木心。木心说，他来这里是准备参加北大法学自主招生考试的，如今正在找出租房。我问他之前学什么专业，他说先在伊斯兰学校学习，没承想学了之后反倒不信了，又转到基督教会学校继续攻读。现在他信仰的是巴哈伊教。

对前流书店的第一印象是没有颜色，这里的一切都散发着褪色的气息。书籍占据了几乎全部的空间，乍一看毫无章法，似乎唯一的标准就是最大限度地利用空间。书架材质、高矮各不同，书架前的地上，从进门处直至最里间都堆满了大大小小的塑料袋、纸箱，里面是还没来得及分类上架的各种书。在多数隔板被压弯的书架上，有着和其他书店迥异的图书分类。

前屋的书架为文学书，后屋一角为艺术类，还有中国共产党史料研究、晚清民国资料研究、中国社会研究、政治学（偏西方政治学）、哲学，国学书还细分为偏文学、哲学、史学等好几个门类。书店左侧空间狭长过道两侧的书架一直被许多人津津乐道："左侧是偏左翼思想研究，右侧是偏右翼思想研究。"但现在，原来的标签已经换了，偏左翼的一侧书架统一改为"反思资本主义思潮实践史资料"，偏右翼的书架直接贴着"政治学"（偏西方政治学）。我发现一本正打算上架的《斯大林经济思想研究——兼评西方学者的观点》。

图书分类用彩笔随意写在便签纸上，贴于书架上方。全部是旧书或库存的新书，进门处的架子上还摆着一些从潘家园淘来的"古董"。转了几圈，我被一人询问喜欢看哪类书，当我答曰文学，那人回答刚收上来不少，等几天再来就能看到。

我终于识别出了中意，也就是吕红松——此时前流书店里唯一站着的人。他个头不高，理着平头，戴一副眼镜，身穿运动服。他也的确像个运动员，从早上开门开始就满场移动，一刻也不闲着：巡视书架，把摆乱的书调整好顺序；接着拆包刚收来的书，用抹布擦拭封面，再用橡皮等仔细对付一些顽固的污渍，难怪他拆包的速度远远赶不上收书。干活的间隙，他叫来了人，查看断裂的横梁如何加固。一个可口可乐公司的推销员上门宣传最新的营销政策，他给对方留下联系方式。他还询问每一位来店的顾客喜欢看什么书，对有些书来不及上架感到由衷的抱歉。

中午，吕红松的午餐也是站着狼吞虎咽吃完的，用时不超过 10 分钟。之后，吕红松开始讲述自己成为“中意”之后的故事。“那时候好东西太多了。”当他向我发出这句感叹时，又是一个冬日。但这是 2018 年的年末，距离前流书店开业已经 10 年。

前流书店于 2008 年年初开张，最开始卖的都是中意从各处淘来的宝。一本海淀读书城地摊淘来的抗美援朝时期一位飞行员的朝鲜飞行日记，他以原价几十倍的价格拍卖掉，买家是潘家园的摊主，难以置信居然如此便宜。十几本某北影主管业务的厂长 20 世纪六七十年代的个人工作笔记，他再次用自己认为的高价卖给了电影学院的一位教授，结果人家还感激地送了他一大堆东西。对历史的浓厚兴趣，让他广泛搜集不同思想立场的书籍和史料（都是各出版社正规出版物，法律允许范围内的，他说必须强调这一点），以便让读者能够互相对比，全面了解各个时期的历史。

尽管前流书店紧挨着清华大学，他却很少进理科类的书，因为更新太快。他定做了 42 个书架，只是没过多久，它们就给热情高涨的中意浇下一盆冷水——书架的隔层太矮，大开本放不上去；承重都在背板，后面一松，书架就塌了。从后续增添的书架来看，中意彻底放弃了对书架颜值的追求。

那时，前流周边的书店生态大约是，蓝羊书坊主打格瓦拉式小资情调，位于圆明园的单向街书店是知识分子的精神空间。而中意的书店，则崇尚直面生活。不同于多数书店渴望“躲进小楼”，中意提倡埋首书籍，但更要交流。开业初期，他就在豆瓣创建书店同名小组。书店简介里有这样一句：“多数人在餐桌上交换利益，少数人在书房里交换思想。”前流书店开设青年社会问题关注、古诗及国学论坛，吸引了不少理想青年盘踞其中，他们有的搞乡村建设，有的搞电影，有的研究马克思主义，有的习古琴、国画，还有的在圆明园专门画油画。

书虽旧物，其命维新。中意曾在豆瓣小组这样写道：“对我们共处的经济时代而言，书房的意义早已超越知识的存储。更多时候，它是那些未来举足轻重的领袖们交流思想、共定时势的智慧风暴中心。”的确如此，在时代前进的潮流中，一切都在变化。

现在，如果想去前流书店，你需要从地铁圆明园站出来，走过圆明园遗址公园门前空旷的广场，直到眼前正对的是清华大学的西门。此时，请无视导航的指引，直接穿过路口，再沿着主路前行一阵。在众多小商贩店铺的夹缝之中，有一条极不起眼的小巷，巷口牌匾上硕大的“蓝羊小院”几个字的下方，写着“前流书店”。如果听从导航的指引，你就会迷失在不远处的天桥上，走上好几个来回最终晕头转向。走进小巷，两侧不见平房，多数是胡乱搭建的二三层小楼，密密匝匝毫无章法。请不用怀疑自己走

错了地方，这个被称作水磨社区的地方，唯一铁打的营盘就是当年不被房东看好的前流书店。

前流书店开业没多久，随着奥运会的到来，路边摊开始被批量清理。先是书店对门的酒吧被拆除，2008 年之后的一段时间，平房小院开始不断被加盖，文艺小巷逐渐成了如今城中村的模样。书店的黄金时代开始远去，隔壁蓝羊书坊的院子还在，但原店主老景早已去了上海做“三流”画家。蓝羊书坊改成现在的咖啡馆之前几经倒手，转手至几个搞音乐的小伙子时，光合作用书房倒闭。他们目睹了供货商哄抢五道口店的情景。最后，趁着低价转让，扛回两个书架，如今它们依然在前流书店里延续着职业生涯。

在你方唱罢我登场的魔幻氛围之中，前流书店神奇地只搬过一次家——从四合院的后院搬到了前院。如今反倒不需要靠着路标指示就能找到正门。它是这条小巷门脸最大的一家店，门口种有绿植，摆放着一些低价处理的书籍。内部面积不减反增，中意封闭了中间的庭院，将前院和后面连接起来，比原来增加三分之一的空间。书店内部的环境，除了横梁断裂，一张沙发椅被经常来唠嗑的邻居坐塌了一条腿之外，氛围像是依旧停留在10年前。不卖咖啡，不搞活动，店里书架下随意摆着几张供客人坐的凳子，它们也颇有前流特色，木制的小板凳、藤椅，没有一个重样。眼下，他从泡沫箱子上裁下来一块，翻转过来看了看，说：“这个是不是可以坐？”

10年，也不可能没有变化。现在，前流书店已经不自主发起主持各种兴趣小组的文化交流活动了，用中意的话说，太累。干脆吸取酒吧的交流模式，来去自由，店里只提供书和看书的场所，大家可买可免费借阅，可在店内阅读讨论。

说到书，报国寺、潘家园、大柳树、青塔、八宝山……中意的淘书足迹曾经遍布北京各大旧书市，然而这些年随着旧书市场不断往外迁，有的消失有的一哄而散，他逐渐转为收购旧书。2016年之后，前流开始推行低价售书模式：全场购书满五本，35折结账，不足五本5折结账。如今他很少上孔夫子旧书网，改为在微信朋友圈卖书。前流书店的微信号名字是“前流书店35折”，头像是买书规则。打开他的朋友圈，里面全是标准格式的卖书信息：一个笑脸加一朵玫瑰花，之后是特价图书的书名、定价、折后价、库存，以及拍书规则。一天平均发50本图书信息，随便点进去一天的售书信息，有《康德的道德哲学》《马克思总体生产思想研究》《民国的政治逻辑》《多边文化研究》，也有王小波的《黑铁时代》《济慈经典诗选》《电影研究关键词》，以及《金融风暴下的个人理财》和《习近平的七年知青岁月》。

木心就是今天客串的网店编辑，负责拍书的封面、编辑文字、充当客服并收款。所以初次来到前流书店，看到店内人满为患的情景，不要感叹书店老板财大气粗雇得起这么多人。中意加一个网店店员，才是整个前流书店的真正人员构成。

茶几上放着中意最近在读的书——《从华盛顿到奥巴马：美国200多年来的家族政治》。只不过，他很少有时间坐下。现在，他在柜台边填写一摞快递单。每天下午4点半，中意会骑电动车去邮局给网店客户寄书，雷打不动。他说如今微信好友有3000人，网店收入已经快和实体店持平。“实体店不能扩张，只能维持基本生存，但网上稍微好一点，至少能做一定的扩展。这块要好好做一下，不然太被动。”最近蚂蚁金服给书店拍了个宣传片，他对着镜头说：“每当有顾客来，我都鼓励他们用花呗。”

关注时代变革的他，是否想过自己和书店反过来也被时代变革不断改变呢？10年前，他认为书店是智慧风暴中心，那10年之后的今天呢？我觉得我问得有点不是时候。当下他关注的是更为具体的问题。比如，他经常需要和外卖小哥斗智斗勇，抢占充电桩。比如，他听说电动车要上牌照，害怕也要考电动自行车驾照……

2018年的平安夜，掌灯之后，是前流书店最热闹的时候。有周边学校的老师和学生前来买书，也有多年的老主顾特意前来看望。有来拍纪录片的大学生，最多的还是周边城中村里出来透气的邻居，他们依然围着茶几看书嗑瓜子扯着闲天。白探索邀请我去他位于书店后面的家，只有不到10平方米的房间里堆满了各种东西，但他真的有一架崭新的钢琴。珠江牌，27500元钱买的，但他却不会弹。木心完成了一天的工作，戴上礼帽向我道别，说要去参加教堂平安夜的礼拜。“你不是信巴哈伊教吗？”“嗯，这并行不悖。”

而吕红松，不，中意的一天还没有结束。10年之后的今天，书店豆瓣小组的简介是“正在探索中前进的前流书店”。而作为老板，他觉得随着科技的发展，或许有一天人们根本不再需要纸质书了。不管新书店还是旧书店，迟早都会消亡。“很多东西，一开始都是实用品，过了十几甚至几十年后，又会作为收藏品重新进入生活。从这个角度来说，知识不会消亡，但形式肯定会改变，没准从我们这代人开始，纸质书就会变成艺术品存在。”

我说，等到那时，书的销售规模可能会小很多。中意说：“无所谓。反正开书店只是个爱好。”他把五六箱书搬上电动车，捆好，在寒风中骑着远去了。

前流书店（已停业）

地　　址：北京市海淀区中关村北大街水磨社区底商

LIANG
QICHAO
1898
轴心
时代

3. 单向空间：新的生活方式的定义者

文 / 慕月　图 / 文森

我第一次走进单向街，大约要追溯到2012年5月的一个周末，住在东五环外的我长途跋涉，来到了蓝色港湾。我是来领取一本书——《张枣随笔选》，参加书店微博发起的有奖评论活动获得的奖品。

那是微信刚刚诞生的时代，移动互联苗头仅仅初现，但我早已经习惯网上购物。在北京6年，非常惭愧的是，还算爱看书的我极少踏入实体书店，这次的经验令我颇感新鲜。记得我仔细打量了书店，虽然记忆已经模糊，但低调且不失精致的单向街让我依然停留在西单图书大厦的书店印象得到了刷新。我还参加了一场活动，嘉宾是我很喜欢的作家李海鹏。我提前半个小时到的，但只有站着听完的份儿。

后知后觉的我现在知道，那段时间是独立书店批量倒闭的时期。但单向街人山人海的活动现场给了我一种错觉，它和窗外欧洲小镇风格的建筑、各式拍照的游客形成了鲜明对比。两年后，我在创办人之一许知远的专栏里读到：单向空间不再是一家书店，它要变成一种新的生活方式的定义者。

我错过了单向街·图书馆的传奇年代。它诞生于2005年年底，一个位于圆明园的用竹篱笆围起的废弃画廊，名字取自本雅明的同名著作《单向街》。那时，包括许知远在内的几位媒体人作为创办者，并没有明确的商业企图。他们只是看中了那个院落，用许知远的话说："在那里坐台，早晨喝咖啡，下午喝啤酒，周末时约上无所事事的作家、艺术家、诗人，在这里给愿意听的人布道，提供陪聊等服务。"甚至在两年后，他们才发现"单向街"这个商标已被他人注册，这也是后来改名“单向空间”的缘由。

大家津津乐道地是在这个种满核桃树的院落里举办的周末沙龙，陈冠中称其为“京城文化策源地”。讲座、画展、诗歌朗诵、纪录片放映、话剧……西川、钱理群、贾樟柯、阿城、周云蓬……有人听讲座，有人读书，有志愿者忙着记录眼前的一切，也有的人睡着了。它创建对话，也接纳包容；既欢迎文艺青年，也不阻挡来院子里打牌的大爷大妈。此时的单向街，像是一个偏安一隅的乌托邦，单纯、安静、理想，只是不赚钱。

2009 年，因为经营问题，单向街不得不面临搬迁。当时抛出橄榄枝的就是蓝色港湾。以理想起步的单向街，却是较早开始和商业街区合作的书店，这不得不令人感慨。我们需要承认的是，尽管单向空间在之后的多年时间里在多个商业中心流浪，但它的生命却得以延续。

2014 年，是实体书店普遍升级的开端。越来越多的书店开始拥抱商业地产，探索诸如 24 小时营业、复合式公共空间等新方向。也正是在这一年，单向空间获得资本加持，在移动互联浪潮之中，从单一的实体书店延伸出更多的触角。由单谈（沙龙品牌）、单读（出版物）、单厨（餐饮品牌）、单选（原创设计品牌）组成的品牌，开始提供“一整套立体的生活方式”。

单向空间的发展模式或许并不算新鲜，其衍生的业务板块当前的多数书店多多少少都有所涉猎。但能做到如此成体系、成规模、有影响力的，能和实体书店分庭抗礼（甚至超越）的，恐怕只有单向空间一家。

單向空間
OWSPACE

339

SALON

GIFTS

《那些忧伤的年轻人》《时代的稻草人》……除了书店精神领袖许知远自己写就的书之外，书店持续出版系列丛书《单读》，发起并主办了单向街·书店文学奖，成功开发了《单向历》。

当然最出名的，当属许知远出镜的《十三邀》系列访谈。在节目中，他执着地向不同领域的人寻求答案。他问陈嘉映“如何在成功学的浪潮中，安顿好自己”，问蔡澜“读圣贤书所谓何事”，问许倬云“如何应对没有目标没有理念的时代，如何自我解救”。在我看来，这不失为当年创办实体书店时理想的具象化实践。

所谓“未见其人，先闻其声”。我想，这些年来，更

带着《偏见
陈嘉映、白先勇、贾樟柯、李安
THE NEW YORK TRILOGY
IN THE COUNTRY OF LAST THINGS

多人感知单向空间的方式是多元的，可能是视觉、听觉、触觉，甚至是味觉，书店这一实体空间并不一定排在首位。这些人中也包括我。

当我再次走进单向空间，已经是2018年年底。推开位于花家地店厚重的大门已是冬日的傍晚，包裹外墙的爬山虎已经隐没在黑暗中。不大的书店里灯光柔和，只有寥寥几个读书人在座，让一切显得更静谧。一侧是书区，仔细阅览之下，售卖的书籍依然是人文类，畅销书难觅踪迹。中间的展台出售文创产品，右侧是桌座，同时售卖咖啡饮品。泾渭分明的布局仿佛彰显着这些年单向空间的发展轨迹。只是，它再次进入搬迁倒计时。

我又去了朝阳大悦城分店，在商场的五层，据说由日本设计公司设计，被整体打造成包括空中花园、绿植在内的街景。单向空间就位于其中，整体布局并没有太大不同，但咖啡区总是坐满了人。手持在书店购得的一册阿兰·罗伯-

格里耶的《玩火游戏》，我漫步于人造街景和自然植物交错的密闭空间，有一种说不清的梦幻暧昧的感受。不知为何，它让我想到本雅明笔下巴黎的拱廊街，书店或许就像“发达资本主义时代的抒情诗人”，而我们就像“闲逛者”，面对着不期而遇的场景，来不及细嚼，下一个又接踵出现。

单向空间 · 朝阳大悦城店

地　　址：北京市朝阳区朝阳北路 101 号

朝阳大悦城 5 层

电　　话：010-85528651

营业时间：10:00-22:00

单向空间 · 东风店

地　　址：北京市朝阳区驼房营南里甲 6 号

东风艺术区北区 4-1 号

电　　话：010-84309585

营业时间：10:00-21:00

周边书店

大悦城

READWAY 上海三联书店

图/文森

READWAY 上海三联书店

地　　址：北京市朝阳区朝阳北路
　　　　　大悦城 9 层
电　　话：010-85560080
营业时间：10：00-22：00

雪夜访戴

善是精神世界的太阳。
—— 雨果
READWAY
上海三联书店
GARDEN

周边书店

青年路

言 YAN BOOKS

文 / 慕月　图 / 文森

走出城堡一般，我总在里面迷路的朝阳大悦城，来到青年路，没走几步就会看到言 YAN BOOKS。推开玻璃门，这个不大的以白色为基调的空间中，罗列着专业的咖啡器具，以及几百种外文艺术设计类杂志，和外面的雾霾天形成鲜明对比。在这个寒冷的非周末的下午，店里只有我一个人，年轻的店员向我轻声打招呼，从不看艺术设计杂志的我深感来到这里是一场巨大的浪费。

的确，这里恐怕是外版杂志最全的书店之一，而我认

得的寥寥无几。从媒体报道看，这里的杂志覆盖了日本、欧美等多个国家及中国台湾等地区，专注于平面设计的《IDEA》《Union》《Shopping Design》《Lost》，等等，涵盖了从旅行到生活方式再到潮流时尚的方方面面。杂志均由店主闫胜永亲自挑选，且做到了和国外几乎同步上市。

开这家书店的是闫胜永和他的夫人，挑选书的功力，得益于二人过去在书店行业的积累。二人相识于龙之媒书店，之后，闫胜永在民营图书公司从事发行工作 8 年，他的夫人则在时尚廊、中信书店负责拓展和运营。

是对书店的热爱，让他们决定辞去工作，在2016年创办言YAN BOOKS。而闫胜永凭借多年的发行经验，让他们的书店撑过了最开始的艰难时期。如今，言YAN BOOKS已成为小有名气的以艺术和设计为主导的书店，成了设计师、艺术爱好者的聚集之地。但他依然兢兢业业，不仅每个月都举办展览及不同类型的线下活动，还精挑细选各类文创产品，实现了生活器物和空间的融合。

“每当有新杂志到店，他都会亲自翻阅一遍，帮助读者再次确认内容，使其能够得到合理的安排陈列。”他把书店里的书比作“孩子”，并不做细致的分门别类，不贴标签是希望不同领域的创作者都能获得共通的灵感和逻辑，而像我这样一窍不通的人也能偶遇一些惊喜。

所以，如果你是一个关注设计、对生活品质有追求的人，你应该会

非常喜欢这家书店。尽管不大，却如同一个宝库。遨游其中，你会获得诸多惊喜。但同时，它简洁明快，错落有致的风格，并不让人觉得局促。你尽可以在这个宝库中度过悠闲的下午时光。

言 YAN BOOKS

地　　址：北京市朝阳区青年路润丰水尚 8 号楼底商 05 号

电　　话：010-57207109

营业时间：10：00-21：00

周边书店

国贸

建投书局

文、图 / 文森

建投书局·国贸店位于世纪财富中心二层东侧。进到一楼大厅，一眼就看见纵跨整层的书店玻璃外窗，是充分敞开的构造。倘在夜晚来访，楼里整体灯光偏暖偏暗，而书店采用高亮的冷色灯光，便显得格外突出，从外形上即透露出一种开放性。这也正是文化场所应有的态度。

国贸店是建投书局在京城的第三家店。建投书局于2014年兴起，原系沪上知名书店。其他两家分别位于广渠门内环境大厦一层的“50+”生活馆，以及双子座大厦一

层的永安里店。前者定位为有别于城市旗舰店的“城市书房”，店名即指向 50 岁以上客群；后者受限于空间狭促，之于典型完整店型而言，是特定变种或曰简版。国贸店在建投方面的布局中，应含“补全”之意，打造真正意义的“旗舰”店。

进入店内，头顶铺满白光灯，在任何角落观看和取阅图书，都不会有昏暗死角。每一片灯光下，是一一对应的长书桌，同样的规整，然而陈列各异，小主题也颇分明。由北向南，是“书——物”的次序。

图书陈列永远是书店内容之魂。从北侧即靠近讲堂一侧看过来，是应时而更换的主题书台。紧接着，是常设的名为“文学家”“史学家”“思想家”“社会科学家”的各专题类别。除此之外，建投书局少见地做出跨维度尝试，

建设书局
IKEA
LEGO

传记咖啡馆
BIOGRAPHY CAFE

阅读时间
一个书店人的奇幻之旅
TIME, MEMORY AND THE STORIES WE TELL
MEMORIES OF CHINA

提出关于主题性的全新理解——“传记”。

在我的理解，所谓“传记”，一是建投书局作为一个品牌，自家出版传记类图书。如《宜家故事》《苦酿百威》《从 0 到 ZARA》等人物传记。

二是狭长通道里横贯标尺、刻度时间，可以看作为建投书局作传。书店的历程，从上海滩到北京城，倘使非虚构成本，先天已具传奇色彩。

三是以传记作为陈列线索。图书、文创等商品都在正厅，以传记为引，图书文玩平行排开，科学、体育、文学、历史、社科、时尚都成家，而“某某家”即“人”，分“家”分架，所指依然是原本领域，“传记式选品 & 陈列”乃成。

四是 16 张大书桌（台）侧畔的立柱，都被装修为书架，所陈图书不多，但重点尤为突出，是作为“面孔”特别陈列，配以展板说明，以书为展品，亦陈亦展，调性雅致独到。

五是饮品部门名为“传记咖啡馆”，这个招牌只作为衬映，也可不认为是一个单独层面。

但我认为，“传记”背后，不只是元素化的设计铺陈，还应包含对于精神和价值的引导。“传记”可以是一种理解世界的方式，就如近年火爆的概念“小趋势”的意味，传记化对于“大时代”是一种拆解。不是解构，而是“片面观”。这种视角及方法是谦退的、谨慎的、忠实的——气质来自传记的本义。

以国贸之超快节奏、丰富价值，在文化需求上，由于

补充似的本能，应欢迎这种相对守讷的反向气质。国贸这一大片街区作为 CBD，或可细分办公区（以国贸大厦为代表）与商业区（世贸天阶为代表）。建投书局的位置，恰在此两区之交汇处。书店作为文化空间，于这两面而言，都是极有必要的服务设施与精神地标。就此位置选择来说，建投书局自陈“打造中国领先的文化消费品牌，向中国高知、中产阶层提供高品质文化消费服务”，是相当精准的定位。

建投书局·北京国贸店

地　　址：北京市朝阳区光华路 5 号院 1 号楼（世纪财富中心东座）2 层

电　　话：010-51077123

营业时间：10:00-21:00

周边书店

大望路

SKP RENDEZ-VOUS

图 / 文森

SKP RENDEZ-VOUS

地　　址：北京市朝阳区建国路 87 号北京 SKP 4F
电　　话：010-85952539 85952579
营业时间：10:00-22:00

BEYOND KLIMT
MODERN ART
LUCIAN FREUD

4. 佳作书局：距离百年老店还有 21 年

文 / 慕月　图 / 佳作书局

Tony 朱帅还记得自己第一次去到美国佳作书局的情景，那是 2012 年，他接到来自大洋彼岸的电话，邀请他到位于芝加哥的佳作书局看看。那时还是大学生的他完全不知道签证该怎么办，但对方说没关系，我们给你发邀请函。

那次，他一共买回 40 多箱书。再后来，他干脆连书局也买了下来。由此，现在他经常被问到三个问题：

其一：你是拿的美国那边的授权吧？

当然不，现在书店都是他的。

其二：你之前在美国留学吧？

当然也不。几年后，美国那边曾对 Tony 说：你第一次来的时候，你说的话我们都听不懂。

其三：你们家一定很有钱？

说到这里，Tony 似乎在脑海中又回溯起了自己如何花光所有积蓄，外加筹措资金，千方百计把这家创办于 1942 年的上海，有着近万人读者名单，以及历任经营者精挑细选的数万本书籍的书店又带回了中国。想完之后，他的头摇得像拨浪鼓：这事要是发生在现在，呃，不干不干！

二

Tony 的人生，总和别人不一样。

2006 年，家在湖南常德的 Tony 来到中央美术学院，攻读美术史。不同于他的很多同学的父母是博物馆馆长、教授……他家没有家学，连他自己，也换了好几次志向。最开始想当飞行员，后来想从事电视行业。为此，他从理

科转到文科，连续复读两年之后，最后的选择却是美术。

大学里，学生要么专心学习，要么专心打游戏。Tony却是第三种，整个大学，他参与过北大系列演出的推广，做过UCCA（尤伦斯当代艺术中心）最早的志愿者，也是参与社会服务时间最长的……他骑一辆单车，跑遍北京参加各种社会实践。

读研究生时，他在杭州中国美术学院学习研究美术文献。做研究需要大量书籍作为参考，很多研究文献脚注里提到的专业书籍，即便中央美术学院、中国美术学院的图书馆都没有。多数人觉得没有就算了，他觉得不行。需要的英文书，他一本一本上网去查，再一本一本比价挑选，品相、版本、内容，“只买最好的”。方闻的《心印》售价1000元人民币，20世纪20年代出版的《中国雕塑》要价高达2000美金……很快，Tony成为很多国外书店的大客户。很快，他发现费用并不是一个学生能够承担的。他老大不情愿地把部分书放到旧书网，打心眼里希望没人买，“毕竟努力过了，没人买的话就可以没心理负担地和家里说：‘妈，再给我点钱吧。’”

很不幸，Tony 选书的独到眼光让他的“小九九”很快化为泡影，在接到一位美院老师的电话，表示要把他所有的书都买下来之后，Tony 摇身一变，从买书人变成帮别人买书的人。那时，一年经他手的书总价高达 10 万美金，也是在这一过程中，他在网络上发现了佳作书局，并开始成为书局的客户。

此时的佳作书局还名叫 Paragon Book Gallery，位于芝加哥。但它的诞生地，却在上海。1942 年，它由在上海避难的犹太人马法伯（Max Faerber）创办，主营东亚文化相关书籍，涉及历史、艺术、哲学、宗教等多门类。1948 年，马法伯将其带回纽约，在其后 40 多年里，佳作书局成为“美国的东方书店”，是欧美学者、收藏家研究亚洲艺术文化的根据地。打开 Tony 收藏的佳作书局 1949 年的图书目录，共有 65 页，930 个图书条目。不仅仅有各大学出版社的新书，

也有包括宋版书在内的古籍，以及古董商卢芹斋等的广告。20世纪六七十年代的图书目录则拓展到两三百页，拥有3000至5000种的书籍，光广告就占二三十页。在1964年《纽约时报》对书店的报道中，提到当时的Paragon Book Gallery从40多个国家进货，又把书卖到40多个国家。

Tony成为佳作书局大客户时，马法伯早已去世，佳作书局先由其夫人经营，20世纪80年代几经转手，当时的老板是一位古董商杰弗里。他于1991年将佳作书局搬迁至芝加哥，在Tony接到来自美国的电话时，他并不知道杰弗里因年事已高，有了出售书店的打算。

从2014年年初Tony和夫人林恬筹措各方资金买下Paragon Book Gallery，到2016年把它迁至北京，更名为佳作书局。现在，Tony说，已经不记得自己在买下佳作书局前后都经历了些什么。他，作为一个最不可能的继任者，也是最没有经验的一个，似乎是被突然之间的天降大任打蒙了。他只记得第一次踏入位于芝加哥的佳作书局时的印象："书局没有广告牌，5000平方英尺的空间内，都是关于亚洲文化研究的相关书籍……在书局待了整整一周的时间，也仅仅翻阅了全部藏书的三分之一。"

注册、运输、报关……每一项都考验着这个没有任何创业经历的个体户，但他接手时没想太多。就像自己的图书业务起步时，还在杭州的他在一次出差之后，马上决定搬家回到北京。要做一件事马上去做，从不考虑太多。这种性格，他想了想："大概因为是白羊座吧？"

二

Tony 的书店，也和其他的书店不太一样。

用他的话说：不讲情怀，不讲氛围，不卖锅碗瓢盆，不服务大众，“这是书店，我就是个卖书的。”

历尽千辛万苦，Tony 把佳作书局安置在了中央美术学院对面的花家地北京国际画材中心。招牌是白底黑字，门口贴着一张纸：这里不卖考前书。内部陈设十分简单，或者说基本没有什么装修。书架沿墙设置，直逼天花板，中心是展台。一览无余的书店里，按照从右至左的顺序，我得到了 Tony 一气呵成的介绍：

首先是艺术书籍，分 20 世纪后的现当代艺术、19 世纪的美术、17 至 18 世纪文艺复兴、古希腊、古罗马等。

接下来是博物馆学，关于建筑的书不太多，因为没有地方可以扩展，都摆上的话需要再来一间这么大的书店。

接下来好几个书柜都是摄影书籍，还有一些关于设计与时尚的书。这边是艺术史的书，中国艺术按门类，包括书法、青铜器、古典家具、瓷器等，角上的书柜是拍卖领域的。宗教艺术集中在佛教、伊斯兰艺术。说到日本艺术，大家多数会想到浮世绘，但我们不多，主要是日本古代美术。此类书籍多数由博物馆出版，因为我们觉得博物馆展出的东西是比较鲜活的，几乎和出版同步，有些正在日本展出，我们已经上架。2018 年 12 月就会有 2019 年的书。但也有 1987 年的，嗯，最近 100 年的书是比较平常的。

佳作书局延续了书局的众多传统，比如艺术书籍按照人名首字母顺序进行陈列，包括自出版书籍，以及收购个人收藏。在一篇报道中，Tony 提到他们曾经完成的收藏包括已故中国艺术史学者艾瑞兹（Richard Edwards）的所有藏书，著名学者巫鸿、包华石的部分藏书，已故研究日本艺术的著名教授 Penelope E. Mason(《日本艺术史》的作者)的藏书，等等。

其中被 Tony 反复提及的是芝加哥大学文学教授芮效卫（David Roy），从 1959 年起，他便是佳作书局的客人。在他花费 40 年将《金瓶梅》翻译成了英文的过程中，他参考了众多在书局购买的书籍。晚年，他将自己的 2000 册藏书再次送回原地，Tony 拿出一本 1959 年出版的荷兰学者许理和的《佛教征服中国》，扉页留有佳作书局的标签，以及芮效卫的购书日期：1960 年 11 月 11 日。珍贵如此，除了这一本被留作纪念之外，在佳作书局，这些藏书依然上架销售。

经过几十年的累积和流转，佳作书局至今仍是亚洲研究书籍的重要中转渠道。用 Tony 的话说，原因很简单，其他的同行都已经消失在历史长河之中。在书店 75 周年店庆之际，他们意外联系上了一位 20 世纪 60 年代曾在纽约 Paragon Book Gallery 工作的店员。通过他，Tony 获知了佳作书局更多的往昔："他说当时全世界有上万的读者群体，全世界的大学、研究所也都跟我们订书，全部通过邮寄送到他们手中。他当时每天都在做订单。"

这些已成为 Tony 珍视的记忆，但他也明白，时代在变化，佳作书局漂洋过海，必须做出改变。"我们有很多日本学者的研究书籍，涉及历史、考古、日本文学研究。但多数说热爱日本文化的粉丝，想看的不是这些。"学美术史出身的 Tony 认为，在电子时代，单纯的文字书籍会受到较大的冲击，而艺术领域或许相对会有所作为。他曾开玩笑地举例说，不信可以去美术学院和 798 转转，总能碰见骑三轮车的老头老太太，畅销榜上的艺术书籍，都在车上。不到两平方米的空间，分门别类摆放着各类画册，当代艺术、经典大师……但没有一本是正版。

“我们想打破一个概念，就是当国内读者提到外文原版艺术书店时，想到的都是现当代艺术画册。这就限定了受众只有现当代艺术家，有点狭隘。”除了打破时代限制，走出亚洲、展览图录、研究作品……所有加在一起，才是更加完整的艺术形态。“不是不做大众类书籍，也并不是觉得专业就是高级的。大众的书其实更需要非常专业的人去应对，我们实在能力有限。”渐渐地，佳作书局的目标越来越明确——全品类的专业艺术书店。

现在的佳作书局书籍约有两万册。摆在最显著位置的，是举办签售的书籍，我这次看到的是来自设计央视大楼的

雷姆·库哈斯的建筑作品集 *Elements of Architecture*。Tony 说库房还存放着 15 万册左右的书，只能一切以最大限度利用空间为原则。除了有核心团队对书籍进行精挑细选之外，书籍的价格也尽可能降到最低，很多是直接将美元按照汇率折算销售。曾有企业采购要求比价，在拿出 800 个书籍条目和亚马逊进行对比之后发现，其中 300 个条目在亚马逊有售，只有 20 多个便宜 20 多元人民币，其余则贵 200 到 2000 元人民币不等。

“不太想跟读者讨价还价，一步到位。否则浪费人力与时间，消耗相互信任的关系。”这些年，Tony 坦言从一些嘀嘀咕咕的读者脸上读到国内之“怪现状”，“花几千买个包 OK，花 200 多元买本外文书，觉得太贵了，你这奸商一定赚了很多钱吧！”他认为这还是观念的问题，很多人尚未形成消费文化产品的习惯。这也在某种程度上导致了当前书店行业不得不把书的位置一降再降，而把精力花在其他一些方面，比如氛围、情怀、文创产品等。

但这些在佳作书局都难觅其踪，这里更像是 Tony 去过的欧美传统书店：“几乎都不卖锅碗瓢盆，不怎么卖咖啡。文创产品就是很普通的明信片、包、土土的马克杯什么的，没有费尽心思的小玩意儿。书架也不讲究，但书都是满满的。地板踩上去咯吱咯吱地响。”北美有古旧书协会、独立书店协会，但在中国却尚未形成有规模的圈子。没有太多现成经验可以借鉴的结果是，七八年下来，Tony 常常从睁眼一直忙活到半夜。每年他都要去美国好几次，至少待几个月，但至今从来没去看过自由女神像。

他不讲情怀，反感把书店行业吹得天花乱坠。“这就是普通的工作，和认真做咖啡没什么区别。”在他看来，忙活这么多年，最享受的事情就是把书卖到了 20 多个国家，顾客覆盖了好几百家的博物馆、美术馆、大学、研究机构和公司，还有相当多的个人读者。这些人，不是随便收藏几个铜钱几本书的那种，他们有着各自钻研的领域，比如研究、收藏公元前 3000 年在中东、两河流域流行的滚筒印章。“我去过一些北京读者的家里。传说中有钱人不读书，未必。我们有些客户很有钱，买很多书，而且还是认真地读。还是有很多人在读书在思考的。”

身为 80 后，Tony 见证了社会的时代变迁。“我们父辈那一代，很少有花钱消费文化产品的习惯。我在美院的师兄，20 世纪 90 年代上学时，买本外文书要四五百元人民币，那几乎是一个月的工资。现在，外文书的价格基本没有太大变化，但人民币升值了，我们的工资翻了好几倍。”这些让 Tony 觉得，可以为缩小不同群体的文化差距做些事情。比

如努力把原版艺术书籍的价格做到平均200多元，等等。组建团队虽然不超过10个人，但实体店、电商、社交媒体都有专人负责。“新加坡的读者在我们这里买书，今天下午下单，后天上午就能收到了，比从美国买运费便宜很多。”而对一些来问考前书的读者，他们也会给出指引：楼里有好几家书店，各自主营哪些书籍，争取在小圈子里先形成默契。

“我们这代人要有点不一样，还是要再往前走一步。”在一次采访中，Tony分享了自己第一次走进位于芝加哥佳作书局的感受，“90步，是我从书局一端走到另一端的距离。”当这家诞生于1942年的书局穿越战火和两大洲，踽踽独行走进2020年，它的第78个年头时，它还将继续迈步。

2019年，Tony在798和乌镇各开了一家分店，其中798新址面积约500平方米，面积大了一倍。虽说有了售卖咖啡的区域，但主体依然是卖书。他们也和杭州的单向空间达成合作，在其书店内的外文书区域经营一个展位。Tony说2018年佳作书局拿到了北京市的政府行业补贴。

“说要把书店开到百年老店的话，还是要靠自己！”

佳作书局·央美店

地　　址：北京市朝阳区花家地北里14号楼
北京国际画材中心一层
（中央美术学院北门对面）

电　　话：010-89941808

营业时间：10：00—21：00（节假日正常营业）

佳作书局·798 店

地　　址：北京市朝阳区798艺术区陶瓷一街E06
（蜂巢当代艺术中心隔壁）

【附记】

在本书即将出版的时候，很遗憾地从佳作书局的微信公众号得知，798店将于2020年12月28日结束营业，具体原因虽未在告别信中详细说明，但我想疫情的影响一定是原因之一。尽管艰难，但在告别信中，佳作书局写道：在能正常营业的时间里，798店举办了35场线下沙龙活动、7场线上活动、11个展览。在佳作书局的第78个年头，他们依然在展望未来。

机遇空间

图 / 文森

机遇空间

地　　址：北京市朝阳区酒仙桥路 2 号北京 798 艺术区 d 区 798 西街（近艺集空间）

电　　话：010-57626082

营业时间：10:00-21:00

旁觀·書社
HEAD

5. 旁观书社：旁观的态度，使人受益于朴素的思索

文、图/慕月

“如果不是要外出办事，东四环上又没有几个心急的司机因为赶路而前脸贴着后屁股地在原地撂车的话，我都可以在9点左右的光景踏入书店。每天的这个时候，是让人满心欢喜的，俏皮的阳光在屋里跳跃着，这里，那里，淡淡的墨香味和昨晚的咖啡气味迎面而来，和着静静守候在那里的满墙的书，让人亲切。

“打开功放、电脑，听着打印机咔嗒的启动声，咖啡机的水泵嗡嗡而鸣的上水声，嘴边轻哼着小曲，于是，整个空间就生动了起来。店员要10点才来上班，这时，我往往会打开书架的灯，放着音乐，收拾一下昨晚留在桌面的杂物，然后收拾吧台。隔壁的韩国画廊还没开门，早到的几个员工看见是我，都会跑到店里来取暖，顺便翻翻新到的书。我随意惯了，就让他们乱串，自己倒水喝，自己看书。他们的主管一来，人在瞬间就跑没了，屋子就又恢复了宁静，留下满地的叽叽喳喳。”

这是旁观书社的创办人吴敏女士写于2008年年底的博客。

2008年8月，旁观书社在798开张。那时的798，还远没有今天这般热闹。地处北京东北郊，作为718华北无线电联合器材厂的分厂之一的798厂，原本是北京国营电子工业的老厂区，现在已经成为北京城内最具时代感的艺术文化区之一。书店所在的一排房屋，前身是751（正东动力集团公司）的车库，而位于把角的书店则是车队的办公室和淋浴间。2000年年初，798里现存的典型现代主义“包豪斯(Bauhaus)”风格建筑吸引了艺术家的注意，2004年连续三届大山子（798所处区域的名字）艺术节的开幕，

書
古书之美
樓廊閒話
书读完了
锯
枕
瓦
雨果政论集
海上劳工
中国文学史
黑铁时代

A DANGEROUS MASTER

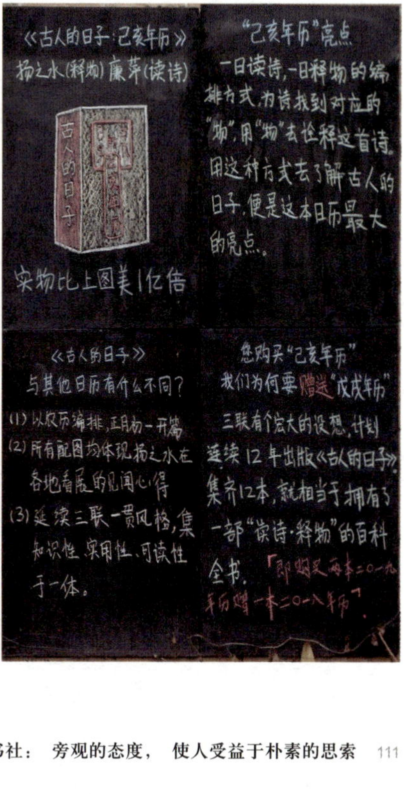
《古人的日子·己亥年历》
扬之水(释物) 康苹(读诗)
古人的日子
实物比上图美1亿倍
"己亥年历"亮点
一日读诗，一日释物的编排方式，为诗找到对应的"物"，用"物"去诠释这首诗。用这种方式去了解古人的日子，便是这本日历最大的亮点。
《古人的日子》
与其他日历有什么不同？
(1) 以农历编排，正月初一开篇
(2) 所有配图均体现扬之水在各地看展的见闻心得
(3) 延续三联一贯风格，集知识性、实用性、可读性于一体。
您购买"己亥年历"
我们为何要赠送"戊戌年历"
三联有个宏大的设想，计划连续12年出版《古人的日子》。集齐12本，就相当于拥有了一部"读诗·释物"的百科全书。「即购买一本二〇一九年历赠一本二〇一八年历」

让798逐渐成为艺术家聚集地。如果不是赶上奥运会，这里可能会继续自由生长。书店门口的水泥路面，还会因为常停大车留下随处可见的坑坑洼洼。

“爬长城、吃烤鸭、逛798。”当798成为奥运接待场地之一，这里以迅雷不及掩耳之势发生着翻天覆地的变化。当年的运煤火车成了拍照景点，动力公司转型进入时尚领域，每年都举办国际时装周。一度来798买画看展的人如潮水般络绎不绝。然而，2008年的金融危机让当代艺术品市场一蹶不振，高涨的租金又让不少画廊、艺术机构纷纷撤离，798部分区域转而开设餐饮、饰品店，逐渐变得更像是一个休闲旅游打卡的景点。

潮涨潮落，旁观书社自始至终保持着“旁观者清”的姿态。10年后的今天，我在一个早晨走进旁观书社，看到吴敏安静地打理着书店里的一切。书店的陈设也无太大变化，约80平方米的空间里，进门正对的是占据整面墙的四米白色落地书架，两旁的书架和展台错落有致。另一侧空间留出供人阅读就座的车厢椅和木桌，此刻阳光正透过落地的玻璃窗，照在桌椅和绿植之上，仿佛步入了另一个平行时空。

但时光又是流动的，其痕迹体现在书的选择上。书店主打人文社科类书籍，吴敏说他们进书很少退货。进门处摆放的有关宗教、历史、科技、宇宙科学的书籍，透露着她作为店主最近关注的领域。除此之外，令人印象最深刻的是门口摆放的几块黑板，上面用粉笔写了一整版的书籍推荐，以及店内无处不见的便笺纸（书店给它们起了个很好听的名字——“书引”），上面是手写的推荐语。早晨没太多客人的时候，吴敏就坐在椅子上，享受着开书店的最大好处——读书。她今天读的是美国学者本尼迪克特·安德森的《想象的共同体：民族主义的起源与散布》。

清、自清，都是一种态度。吴敏这样解释旁观书社名字里“旁观者清”的含义。开店前几年，她喜欢写博客，介绍着书店的动态和自己的感悟。用她的话说，刚开始什么都不懂，出身理工科的她出于对书的热爱，误打误撞地进入这个行业。没有经验，有的只是满腔热忱。但10年之后的今天，她说她已经不再愿意讲过去的故事。她的博客停更于2014年。如今的她更希望跳出个人的情绪，向前看，获得更为广阔的视野，以及更为平静不被外界喧嚣干扰的内心。就像她曾经写的：“阅读，无限延展于空间与时间的交叠，而旁观的态度，将使人受益于朴素的思索。”

至于旁观书社，她更希望大家不带任何预设，走进来，遇见书店当下的状态，就是最好的。

旁观书社创办人吴敏亲述【以下根据采访整理】

旁观书社开业已经满10年了，不过我觉得没必要纪念。我现在连自己的生日都不过，可能跟心态有关系吧。不管是沉浸在书里还是其他，没有什么特别遗憾的，每天都很尽兴，每一天都可以纪念。

自从开了书店，每当有人希望采访我，我都会受宠若惊。在那之前，我没有想过开书店，也不曾预料书店一开就是10年。2003年的798不像现在，进驻的机构很少，

请勿拍照
保持安静
《世界历史上的蒙古征服》

还能看见穿着蓝色制服的工人上下班。我那时经营一家西餐厅，名为“江湖”（听上去是不是很霸气？）。也是在那段时间，我对经营一个空间有了理性上的经验积累。2007 年餐厅结束营业之后，我在家休息了半年。2008 年 4 月，朋友帮我拿下了书店所在的这个空间。我不想继续开餐厅或者咖啡馆，心底一直觉得迎来送往并不符合我的性格。但我干点什么呢？想起之前我曾给一所研究院配书，因为图书需求量很大,我通过在地坛书市认识的一个书商，到位于丰台的西南物流中心，在那里我见识了大大小小屯满了特价书、库存书的仓库，书市上五折的书那里一折两折就可以拿到。

我说，那就开书店吧，正好我也喜欢看书。那时候想法特简单，就是进特价书全价卖呗，我甚至都不知道还有甜水园图书批发市场的存在。现在的搭档素素是原来西餐厅的领班，我说要不你回来吧，我们再回 798。书店装修正赶在奥运前夕，我们紧赶慢赶地收拾完毕，最后用了整整一个通宵把书全部上架，书店就算开张了。那时的房租很便宜，算了下一天只要有个四五百元的营业额就能不亏本。

2008 年 8 月，书店开张，北京正举办奥运会，整个 798 特别热闹，三天两头有人来参观。但之后整个经济开始下行，到了 2009 年冬天第三极书店倒闭，紧接着是风入松书店关门。798 的画廊也不景气。圣诞节时，我说我们搞个活动吧，8 折促销，然而发现越打折越没人买。我问素素，这都是什么心理啊？素素说，可能别人会觉得，既然能打折，就还能有更低的价格。从那以后，书店就再也

不打折了。买就买，不买也没关系，可能跟我不喜求人的个性有关。书店呈现出好的状态，读者愿意为这个空间、为遇到的这些书买单，我们会很开心；不愿意我们也能理解，毕竟每个人价值取向不一样。

前五年，书店一直在摸索。开书店之前，朋友建议我去光合作用等书店看看，结果还没来得及看，光合作用就倒闭了。图书的利润实在很低，即使经营咖啡、文创产品，也是无法创收的“高门槛”。第一个五年快结束的时候，我有点着急，因为不知道房东会不会续租。也可能是底气不足吧，我用很便宜的价格接手了一家社区儿童阅读馆，觉得如果书店无法续租就搬到那里。那时，我觉得阅读馆和书店的业态差不多，但后来发现完全不一样。阅读馆其实是做会员，不管是活动安排，还是会员社群的整体气氛，完全是另外一个体系，不是把书摆上去售卖会员资格就行的。折腾了一年，我撤了出来，算了一下，反倒赔进去很多。这期间也有人邀请我们去购物中心开店，再做判断时我就不再仅仅以房租便宜为衡量标准了。

这些年总结出来经验，从运营角度来说，一个实体店如果只考虑成本，而忽略了商业的必然要素，一定不会成功。没有人流，没有足够的现金周转，一点意义都没有。而且人的精力有限，一分散反而什么都做不好。

之后，我们就没开过分店，也婉拒他人的参股好意。如果有资本进来，我们就无法按照自己的方式来做书店了。我们一直是比较封闭的那种，喜欢安安静静不想被太多人注意。如果被太多人了解的话，人就不自由了。我喜欢没人认识我，这样我就可以在街边抽烟、吃羊肉串，多自在啊！

我希望在这里呈现出书店应有的模样、书籍的本来面目，和人没太大关系。与其来书店认识我们，不如来看看我们选的书。每次进新书，我和素素都要亲自过目一遍，至少要把目录、前言看完，必要时还会看某些章节，翻译过来的作品则必须看译本。我们退货率很低，在5%左右。很多我们认定的好书，宁可摆在那里展示，也不着急推销出去。虽然不能生崽儿，但没关系，放久了都成宝贝了。这么多年来，有些书摇身一变成为高价绝版书。现如今，

读者对书的价格更加敏感，书价也涨得很厉害。但是后来想想，打折还会像最初一样，该买的还是会买，所以就先这样吧。

现在店里就剩下我和素素两个人。前两年觉得，开个店是不是就给困在这里了？这两年缓过来后想明白了，每个人生来都会受限制的，成长的过程中也受各种条件制约，这是必须要接受的现实。但人最大的潜力就在于即使受限，也能在有限的条件中创造出新的东西。想明白之后就觉得，走不了也挺好，我可以看更多的书，这些积蓄沉淀之后也是有用的。

就这样做了10年。10年前，我家女儿4岁，现在她14岁了，比我还高。对于书店来说，客人也是来来去去，走走停停，我们经常会碰到一些书店刚开的时候曾经来过的客人，再回来的时候会跟我们主动聊天叙旧。人和人、人和物之间的感情都是靠时间来衡量的。看人，时间会拉长；看物件，时间会缩短。我的切诺基开了十几年，朋友劝我换一台，我不舍得，开书店的时候拉货都靠它出力，是个大功臣。书也一样，很多人觉得书店经营了10年，时间很长，但如果跟这些东西一比，还是显得很短。

我希望能够陪伴书店更久远一点。想在这里尽可能呈

ART
细一读
文艺复兴
R

现朴素的阅读状态，它应该是安静的、自由的，指向真实内心的，远离社会功利的。书店现在不怎么接受采访，要知道曝光率越高，别人对你的期待也越高，会产生很多想象。想象越多，与真实之间的落差就越大。那不如就怀有平常心，比如：你甚至不知道有这么一家书店，路过时突然看见，进来看看就挺好。

我对未来是充满期待和好奇的，很多人恰恰会心生不安。一旦了解并接受生命本身具有不确定性的真实面目，人就会豁然开朗。推荐大家去看《三体》，我和女儿用春节假期读完了这部作品。人需要偶尔抽离出现有状态，置身于浩瀚无垠的宇宙，你会发现人类太过渺小，许多疲于纠结的问题都真的不值一提。但在真实世界里，我们又生活在各种错综复杂的关系当中，如何保持自己的个性，又能很好地融入社会，拥有这种自我平衡的能力，就能化解所有矛盾冲突。

开书店这些年最大的收获，我想不是赚钱，是我把自己给活明白了。

旁观书社

地　　址：北京市朝阳区酒仙桥路 2 号
大山子 798 艺术园区 798 东街拐角

电　　话：010-59789918

营业时间：10:00-19:00

商品易碎
轻拿轻放

6. 三联韬奋书店：三里屯店里的深夜读书人

文 / 慕月　采访 / 杜伊凡　图 / 郑文静　王曦

高
化世间痛苦为激情洋溢的美
繁花盛开
威尼斯味道
东京味道

减脂轻食

2012年1月，时任三联韬奋书店总经理的翟德芳发了一条微博，称当年三联韬奋书店利润仅为36万，这还是在母公司生活·读书·新知三联书店免收房租的情况下获得的。

这家1400平方米的书店位于中国美术馆东侧，于1996年开业，初名“北京三联韬奋图书中心”，由生活·读书·新知三联书店投资兴建。说到生活·读书·新知三联书店，则要提到生活书店。而提到生活书店，则要提到1925年10月创办的《生活》周刊社。1932年7月，在邹韬奋主编的《生活》周刊的基础上，“生活出版合作社”成立，对外称生活书店，不仅发行该社书刊，还为读者代办外版书刊，其宗旨和《生活》周刊一脉相承——竭诚为读者服务，邹韬奋的这句话如今依然可以在北京三联韬奋书店的门口看到。

因局势动荡，生活书店总店从上海一路迁至武汉、重庆，在1930至1940年代，出版了众多有价值的图书、期刊，不但在重庆、成都、桂林、西安、昆明等地设立了50多处分店，还设立香港、新加坡两处海外分店。先后出版了《全民抗战》《文艺阵地》《理论与实践》等新期刊，众多马克思主义经典著作、哲学社会科学译著、中外文学名著，以及很多宣传先进思想文化和鼓励抗日救亡的通俗政治书籍和文艺读物。1941年后，生活书店迁往香港，1948年，生活书店和另外两家书店完成合并，正式组成生活·读书·新知三联书店。经过十几年独立经营，在邹韬奋的主持下，生活·读书·新知三联书店成为当时中国进步出版事业的一面旗帜，在出版界、读书界拥有了极高的声誉。

正因传承了生活书店的传统，三联韬奋书店更像是一个传播新锐思想文化的阵地。可想而知，翟德芳的这条微博，令人大跌眼镜。有人评论："30 多万利润大概就等于倒几车皮的煤。不能让三联这样的书店赚得多一点儿，有什么资格去谈文化软实力？"

三联韬奋书店的自救由此开始。2010 年，雕刻时光咖啡馆进驻三联韬奋书店二楼，并开始引进文创产品。这一度令很多读者担心这是"向市场屈服"，曾有人戏称，三联韬奋书店正在转型为"三联咖啡馆""三联杂货铺"。

但这些评论没有影响书店改革的步伐。2014 年 4 月 8 日，三联韬奋书店开始试营业 24 小时"不打烊"模式，4 月 23 日正式 24 小时营业。尽管有人质疑这是仿照台湾诚品书店的模式，在寒冷的北方是否能够适应。但作为北京乃至全国第一家 24 小时书店，它吸引了 300 多家媒体前来宣传报道。当年，北京三联韬奋书店全年利润直接多了一个零，310 万元。

2018 年年底，在一个寒冷的深夜，我们走进了三联韬奋书店的三里屯店。这家 24 小时书店于 2018 年世界读书日开业，店内设计灵感源自北宋范宽的《溪山行旅图》。据报道称装修时将店面地基整体下挖，在其中开辟出了一道高低错落的路径，象征知识文化中的蜿蜒之旅——书山行旅。此时，距离三联韬奋书店美术馆店开启 24 小时模式已有四年，全国已经有了数家 24 小时不打烊书店。但徜徉

书山行旅之前，我们也有疑问，已经临近春节，零下十几度的气温里，究竟什么样的人会在深夜书店看书呢？

事实上，看书的人还真不少。他们来自全国，乃至全球各地。在深夜，在蜿蜒的书路之中，完成着各自相同或不同的抵达。

★ 艺考女生自述

今晚是我第四次和画室老师请假来书店通宵了。

最近临近各个美院校考，画室里和我一样来北京集训的同学压力都挺大的。我的一个舍友，画画比我用功，压力太大，又想家，经常遇到一点儿小事就像个孩子一样哇哇大哭。不过，我挺羡慕她能够发泄出来，大哭一场感觉好受多了。我的发泄解压方法不是哭，而是像今晚觉得心烦，

不想待在画室里，就跑来书店通宵了。

心烦是因为不知道报什么学校，有的学校我们河北籍考生报不了，有的学校艺考时间撞车。我喜欢南方，现在只报了广州美术学院，过两天去沈阳参加广美的校考。但只报一个学校肯定不行，我本来还报了中国美术学院，报名费都交了，爸爸觉得杭州太远，不舍得让我去。

虽然还是没有想好，但来书店待一晚，感觉心情平静多了。上次通宵时状态最好，因为书能看得进去了，后半夜困了就坐这里睡一会儿。等明天五六点钟天亮了，我再转两趟地铁回画室继续画画。

★ 看书大爷自述

我从小就在北京，经常在北京城里转转，北京好多书店我都去过，这家店最大的好处就是夜里特安静，能看进去书。我没别的爱好，就爱看书和电影。电影喜欢看爱国的，像《长征》之类的。书是各种类型都看，今晚看的是徐皓

峰的《刀背藏身》。

我从小就喜欢看书，看书多美啊，不招人烦也不给人添乱，得的东西还都是自己的。以前白天看书，现在基本都是晚上看，从 12 点到 5 点也没几个小时，然后回家睡会儿，白天再去跑业务卖助听器。我喜欢自由，固定工作对我约束太多。我现在每天过得挺舒心的。

★ 新闻专业研究生自述

我从武汉来北京参加一个论坛，晚上在三里屯吃完饭就来了三联韬奋书店。这家店和武汉书店最大的不同是深夜依然有这么多人在看书学习，身在其中都感觉不到现在已经快凌晨 1 点了。

不过要说在书店印象最深的事，通常还是看到书中某一段正好契合自己当时内心感受的文字，今晚在这我看到了——弗洛伊德《释梦》里的“歌德的诗句在此联想的基础上有了新意——你给了我们生命，你使这些可怜的家伙犯罪”。

可能因为最近的采访经历以及读到的新闻故事让我有了这方面的感触。我从本科到现在研究生读的都是新闻专业，前几年忙着跑采访，现在忙着毕业论文。学新闻让我变得更加敏感，更加多愁善感，对周围的人和事更有同情心，所以平时还是喜欢看治愈一点的书，生活已经那么苦了，众生皆苦，读书还是读治愈系的吧。

★ 厦大保研女生自述

这次是我跟实习公司来北京观展，逛三里屯时偶然发现了这家书店。每次逛书店我都会反思，因为自己平时看书很少，还是一个很幼稚的人，平时的娱乐除了追剧、看电影、刷微博，就是和朋友一起吃饭、唱歌，少有时间静心看书，注意力和精力都被社交媒体分散了。现在正好处于保研结束和9月厦门大学开学之间的空档期，我才有时间思考，我发现我不知道自己想成为什么样的人，只知道不想成为什么样的人。我的一些微信好友总喜欢在朋友圈“盗用”一些名人或者他人的文字，显示自己的思想深度，其实他们自己都未必理解是什么意思，我不想成为那样的人。我虽然不是太喜欢看书，论文水平也不是很高，但当时有保研的机会，就想借机继续去学习和沉淀一下。人生几十年，工作时间还长，不差那么几年去读研。

★ 转机东北人自述

我从多伦多回长春，在北京转明天白天的飞机，现在刚好倒时差，一点儿都不困，就来三里屯逛逛，进书店瞅瞅。因为工作原因，我经常熬夜，一般下班回家已经是后半夜了，再做点自己的事就凌晨三四点钟了。多伦多的夜晚很无聊，

过了 12 点就没什么地方开门了，半夜三四点在街上走的多半不是什么正经人。长春也有 24h 书店，可能因为座位设置得少，晚上顾客很少。没想到北京的 24h 书店，都现在这个时间点还有这么多人，不过还是学生多一些，像我们上班族也没那么多时间，谁闲得没事大半夜跑书店来啊？那得是多大文化人儿啊。

★ 大一女孩自述

我不喜欢特别热闹的场合，学校经常有社团活动或者同学聚餐，但我就喜欢一个人，想去哪里就去哪里。昨天上午期末考试最后一门考完，下午我就临时决定来北京玩。没想晚上住宿的问题，住青旅太贵了，听说清华大学有通宵自习室，又担心自己没学生证进不去，在知乎上发现有 24h 书店，感觉还是书店比较有安全感，就来这边过夜，打算天亮去天安门看完升旗再回天津。

我原以为这家书店晚上会像我们学校图书馆一样没什

么人，我就随便坐坐熬过一个晚上，没想到大家看书都很认真，氛围特别好，好像看书已经是他们的日常习惯了。我也赶紧找本书坐下看，希望出发去天安门之前能看完几个短篇小说。

★ 夜班店员自述

我大学读的是博物馆学专业，对口工作不好找。辞掉上一份工作后，有一段时间暂时没工作也没什么事做，看到三联韬奋书店在招聘夜班店员，我就来应聘了。晚上 9 点到第二天上午 9 点是夜班的工作时间——整理书架、拆书、订号，中间每个店员可以轮流休息俩小时。白天回家我有另一份教辅书籍的兼职编辑工作，因为不用坐班，时间宽松一些。

白天的书店我也见过，相比还是对深夜时分的顾客印象更深刻，那些总在深夜来书店的人身上多少带点流浪气质，每个人都挺特别的。

三联韬奋书店 · 三里屯店

地　　址：北京市朝阳区三里屯西街中段

电　　话：010-84333411

三联韬奋书店 · 美术馆店

地　　址：北京市东城区美术馆东街 22 号

电　　话：010-84040989

周边书店

三里屯

PAGE ONE

图 / 文森

PAGE ONE

地　　址：北京市朝阳区三里屯路 19 号院南区 2 号楼 -1-2 层

电　　话：010-64176626

营业时间：10:00-22:00

7. 小众书坊：心上没有诗歌，就像地上没有花朵

文 / 慕月　图 / 慕月　小众书坊

彭明榜还记得第一次读到泰戈尔《飞鸟集》时的心情，那是1980年，来自乡村的16岁的少年面对着贵州黔南师专图书馆里浩如烟海的文学名著，如同一头饿牛闯进青青的菜园。正是在这里，他被如精灵般的《飞鸟集》击中。书店没有卖，他花费几个晚自习的时间，抄完了这本书。

这是他“做”的第一本诗集。那时，从未离开过故乡的他不会想到，46年之后，在北京，当“53岁正在前面几个月的地方，以风驰电掣的速度带着巨大的声响朝我冲撞过来”之时，他再次产生了捕捉并拥有诗歌的渴望。他决定，开一家诗歌主题的书店。

一

从人头攒动的南锣鼓巷拐进后圆恩寺胡同，是另外一番安静的景象。寒冷冬日的午后，天空高远、人影寂寥，甲1号的宅院大门微闭。高大的白蜡树落光了叶子，若是夏天，绿叶应会和旁边的红漆大门相映成趣。此刻，大门开了一条缝，彭明榜微笑出现在了门口：“请进。”

这就是小众书坊的入口，它的店铺则隐藏在门后一个三进的四合院中。第一进是书店所在地，将近110平方米的空间里，最引人注目的当属5.7米高占据整面墙的巨大书架，从墙角延伸至天花板，摆满了上千种诗集，拜伦、海涅、里尔克、茨维塔耶娃、海子、北岛、余光中、黄灿然、雷平阳……他们汇聚成诗歌的光荣之墙，如一条灿若星汉的河流在静静流淌。靠墙一侧摆放的数个书柜则像这条河

小众书坊的三位创办人：

张虹（左）皮钧（中）彭明榜（右）

的支流，小说、散文、人物传记……在书店正中央的展台上，“中国好诗”第四季、“青春诗会诗丛”、90后诗人诗集……它们组成了诗歌流域今天的生态。

小众书坊并不仅仅是诗歌生态的呈现者，事实上，其招牌上的英文“Poetic Books”，以及吧台上方隐藏着的办公阁楼，都显示着这里正在参与着中国当代诗歌生态的构建。进门第一个展台上的诗集，全部由小众书坊策划出版。当时正值年末，彭明榜正在盘点一年的劳动所获。用他的话说：他是坊主，也是一个辛勤的农民，他把出版书籍比喻为“养了几头猪、几只鸡鸭，外加黄豆、花生、红薯若干”。屈指一算，2018年的收成，这个一岁半的书店，由6个人组成的小型团队，竟出版了诗集和与诗有关的书共计62种。

书店的另一侧，是整面的落地窗。窗外映照的是北方冬日下午四五点钟的昏黄的太阳。许多年前，诗人穆旦面对着这样的黄昏写下：“多么快，人生已到严酷的冬天。”那时，穆旦也50多岁，如今和他处在同样年纪的彭明榜却有着不同的心绪：“无论如何都应该对未来保持一种不太真实的憧憬和追逐，无论什么年龄都应该让梦想飞一回。”飞一回的结果，就是彭明榜从一个老编辑变成了“浪漫的老创业狗”。此刻，他正安坐在书店明亮的灯光下，开始自己创业之路的讲述。

二

对于彭明榜来说，似乎瞬间又回到了2016年年底，来到了他必须做出选择的关口。

2016年，站在53岁的门槛上，彭明榜有了一次回望。23年的编辑生涯主要由两个院落组成。第一个“小院”是《中国青年杂志社》。1993年，29岁的他从东北师范大学博士毕业来到北京，成为一名编辑。这个刊名由毛泽东题写的杂志创刊于1923年，可谓历史最悠久的杂志。20世纪80年代，其刊发的“潘晓来信”曾引发全国关于人生观的大讨论，“人生的路呵，怎么越走越窄……”但对彭明榜来说，他的人生道路，出现了第一次的分岔口。

彭明榜出生于农村，“父母都是修地球的”。黔南师专毕业后，曾经狂热的文学青年被分配在农村中学当老师。望着窗外的农田，当他在报纸上看到西南三省省委党校联合开办中共党史专业研究生班的消息时，他知道自己若想去看看外面的世界，这是一个难得的机会。

直至中共党史专业博士毕业，他面前的路有了三条：大学老师、公务员和编辑。也许是埋藏已久的对文字的热爱让他选择了后者。在《中国青年杂志社》，他从29岁到44岁，从编辑到编辑部主任，从满头青丝变成了光头。人到中年，他去了中国青年出版总社的“大院”。这一次，他从做书的新人变成出版杂家。6年半的时间里，他什么书都做过：青年工作、书法美术、人物传记、政治教育……时间来到2015年，在一次与领导的交谈中，当领导建议尝试做一些文学原创类的图书时，他提议做诗歌。

当时，彭明榜提议的出发点也是一种出版战略。“在文学原创图书中，类如长篇小说竞争过于激烈。而诗歌是

2018 年夏，彭明榜

个洼地，多数出版社觉得不挣钱，没有花费精力去做。也许可以尝试。”他拿出的是“中国好诗”系列和《天天诗历》。“中国好诗”第一季，推出包括臧棣、雷平阳、陈超在内的 10 位优秀诗人的 10 本诗集，其编辑理念十分明确：不出已经典化的诗人诗集，而是推出原创优秀新作品；作者不一定是中国诗坛名气最大的，但一定是在当下处在各自创作的黄金时期，并获得了一定社会认可的。《天天诗历》则以日历的形式，每天选取一首优秀诗人的诗作，辅之以诗人简介和每天的日历信息。

“每一天都是诗人的诞生，每一天都是诗歌的节日，每一天都是诗意的生活。”当彭明榜为《天天诗历》打出这样的口号时，他忽然感到，埋藏在心中的诗歌种子再度复苏。它的播种要追溯到20世纪80年代，在那每个人都患文学病的岁月里，他曾经手抄舒婷、顾城诗选，如饥似渴地阅读海涅、雪莱、拜伦、惠特曼《草叶集》、莎士比亚十四行诗……其实，在整个初高中时代，他都没有机会接触文学，读到的第一本可以称之为文学作品的书是小仲马的《茶花女》，那时已是1980年他高中毕业的那个暑假。

《天天诗历》的出版，彭明榜突然发现自己和那个时代的感觉又对接上了。2016年年末，感受着这种诗意的重生，他问自己：6年之后就要退休了，那时是否就是职业生涯的终点？“退休之后干什么？天天晒太阳？偶尔给人校校稿？这不是我的生活。”

在2016年，小众书坊还只是彭明榜个人微信公众号的名字。彼时，他幻想着有一天，也许是在退休之后，可以开一家书店以度余年。当他的儿子对他说：“老爸，你心里想什么就去做吧。”他忽然意识到，53岁，或许已经不再是好意思说梦想的年龄，但没准还可以说热爱。

于是，有了他的出走，以及小众书坊的诞生。

他对合伙人张虹女士说：去找地儿吧。然后，向中国青年出版社的皮钧社长正式递交了辞职申请。“我原本有点像一个不管不顾要私奔嫁人的女子，而娘家人不仅没有责怪，反而还送上一份祝福和嫁妆。”中青社最后选择了投资，成为小众书坊的股东。

三

从注册到开业，只有 20 天，小众书坊以一种令彭明榜猝不及防的姿态，从微信公众号变成了实体。2017 年 6 月，小众书坊开张，彭明榜由此获得了一个新的称谓——“浪漫的老创业狗”。

开业初期，彭明榜接待了许多朋友、同事，以及多年没有联系的老伙计。大家纷纷来到这僻静的胡同一角，惊讶、感慨，临走时也不忘买上几本书帮衬帮衬。在众人眼里，仅靠售卖诗歌，精神可嘉，但难以存活。

彭明榜却心中有数。小众书坊开业三个月左右，营收就已实现了当期大致持平，其收入并不仅仅来自书店卖书。小众书坊的英文“Poetic Books”透露出他“预谋”已久的规划——“一方面是指小众书坊售卖有关诗歌的书籍，另一方面则是指小众书坊要做诗意的出版。”前店后社，彭明榜是按照出版机构来构建小众书坊的体系的。

这种“前店后社”的模式，并非独创。早在 1932 年，邹韬奋、徐伯昕、胡愈之等就在上海创办生活书店（如今生活·读书·新知三联书店的前身之一），即采用前店后厂的格局。“只是回归出版的本来业态而已。”在彭明榜的设想中，书店作为出版书籍的落地展示窗口，也是民国时林徽因们的客厅沙龙在当下城市的延伸。“公共文化客厅”并不是随便说说，从开业到一周年的时间，小众收坊举办了 43 场活动，90% 以上与文学类作品相关。最多的时候，彭明榜的 6 人团队一星期做了 3 场活动，包括设计海报、宣传，同时还做直播。

如果说作为书店的“小众书坊”给予出版品牌的是扩大的关注度和影响力，那么出版品牌“小众书坊”给到书店的则是其内在的精神气质。多年做书的经验，令彭明榜有着清晰的产品线设计，避开经典化路线，“就做活人的、做当代诗歌”。

中青社作为股东，支持他策划的几个诗歌系列得以延续，“中国好诗”、“青春诗会诗丛”、聚焦云南青年诗人的“东大陆青年诗丛”……他们也策划了当代诗人创作的旧体诗词之好诗词丛书。一套套丛书的打造，是整个2018年他们能够出版60多种与诗歌相关书籍的关键阵地。

彭明榜骄傲于自己的战斗力，在中青社时，他就是出了名的快手。“入社第一年就做了19种图书，离开那年做了52种。”他的效率来源于在《中国青年》杂志当编辑部主任时的训练。作为一本半月刊，长达8年的时间，他的生活被裁成一个又一个的半个月——从选题策划开始，到组织编辑采访、约稿、改稿、签样付印，他必须确保每个环节都要高效对接。至今，他依然保持着拿到书稿一气呵成完成修改，同时拟好书名、起草宣传文案的习惯。

在彭明榜看来，好的编辑既要坐得住，也要跑得快，像足球运动员一样不停地跑动，“跑，才有机会。做得多，也就有了聚合效应”。如今，这位老“足球运动员”终于拥有了自己的主场。书店成了他接待各位作者、探讨选题的主场，他依然认为自己是名老编辑，而不仅仅是坊主，小众书坊出版的每一本书，都由他亲自审稿，监督走完全部流程。

彭明榜并不否认诗歌是一个小众的门类，但“诗人和诗歌的读者再小众，绝对人数也是个不小的数字”。这是一个糟糕的时代，人们的生活节奏过于匆忙；这也是一个美好的时代，精神的栖息地变得难能可贵，人们越发需要那些美好的能给生命以慰藉的东西。

“要胜出也容易，在这个小小地领域认真去做，选题、装帧设计、材料比别人好一点儿，从出版、实体书店和线上等各个环节服务好这个小众人群，赚大钱不容易，但生存应该不是问题。”

四

夏天的飞鸟，飞到我的窗前唱歌，又飞去了。

秋天的黄叶，它们没有什么可唱，只叹息一声，飞落在那里。

事实上，只有谈到自己关于诗歌的记忆和情感时，彭明榜才会从创业者的身份迅速切换到“浪漫”的状态。

他还记得，2015年坚持再次出版《飞鸟集》的情景。那时，距离他第一次读到这本书，已经兜兜转转地过去了35年。作为一个人到中年才步入图书出版行业的“新编辑”，窗外正好飞过的一只小鸟唤醒了他手抄《飞鸟集》的点点滴滴。

他记得，1986年他去读研究生报道时，带的两本书之一就是《叶赛宁诗选》。“很多人觉得诗歌没什么用，但我到这个年龄，还能够出来创业，我觉得这种精神上的东西，就是诗歌给予我的。诗歌对我的精神世界的塑造、生命意识的建构具有很大影响。”

“泰戈尔在夏天放飞的这只飞鸟飞了64年，我才有缘与它相遇，并融进血液，培养了一个少年最初对文学的热爱。”这一次，彭明榜做的不仅仅是捕捉，而是为这只飞鸟搭建了自由、诗意的巢穴。作为书店的小众书坊里举开“中国好诗”第四季的发布会，而作为出版机构的小众书坊，未来还会以小众出版作为方向，不会刻意地追求畅销。“我常跟我的朋友们说，希望小众书坊在诗歌出版方面的努力使诗歌出版的门槛稍微提高一点点，使诗人们的诗集出版得漂亮一点点，这就是我们小众书坊的愿景和追求。”

彭明榜说自己在这个年纪，已经没有赚大钱的念头，但他还有野心。“心上没有诗歌，就像地上没有花朵。”这是小众书坊的宣传语里时常出现的一句话，“我们就是想像在地上种满花朵一样，在人们的心上也种满诗的花朵。”

小众书坊

地　　址：北京市东城区后圆恩寺胡同甲1号
电　　话：010-64011190
营业时间：3月-11月：10:00-20:00
　　　　　12月-2月：10:00-19:00

小众书坊·雍和书庭

地　　址：北京市东城区和平里西街雍和宫壹中心
　　　　　北下沉庭院B1-D3号（地坛东门）
电　　话：010-64011190
营业时间：3月-11月：10:00-20:00
　　　　　12月-2月：10:00-19:00

周边书店
地安门

中国书店雁翅楼 24 小时店

文、图 / 文森

2012 年 2 月，借助北京“名城标志性历史建筑恢复工程”，地安门雁翅楼得以复建，体量稍小，位置如旧，在外形和内饰上最大限度追求恢复原貌。对于北京内城而言，这类对古老建筑的补救修缮，原是历朝历代常见的善举。

2015 年 7 月 20 日，中国书店北京雁翅楼店在此开业。自此，雁翅楼以崭新的面貌迎接市民，在北京市西城区政府支持下，定位为“首都核心区的文化建设新地标”。古建筑被注入了新文化的元素，以中国书店的固有调性——传统文化古籍经典为主，图书之外的产品为辅，包括文房四宝、新式文创、兔爷福娃等，产品风貌与这古建筑倒也相得益彰。

雁翅楼乃一方名楼，历史悠久，历经磨难。踏进复建后的雁翅楼中的中国书店，很有一种穿越感。老地方，旧书籍，古物件，新面孔，24 小时营业。进门，正面是书墙，多为装帧青雅的古籍；左侧，有一个摆放搪瓷杯的水吧，这在各家 24 小时书店中可谓独具一格。带着这种浓重的时代交错的色彩，其实难说它到底是新还是旧。简单以经营模式认定身家，总嫌轻怠了长者。

据考，雁翅楼始建于 1420 年，位于地安门门楼左右两侧，为东西对称的两座二层长楼。原得名于形似雁翅贲张的别致造型，而今高楼林立，二层楼望如平房，形制便不显眼。1954 年，北京市政府为疏导北部城区的交通，将地安门及雁翅楼一并拆除。好高楼，楼塌了，再无客，自此沉寂近 60 年。60 年里北京胡同居民来来往往，渐渐淡忘了昔时形胜。

笔者到访时正值清晨，穿制服的员工还未上班，保安立在门口柜台，一位老者扶老花镜细考书台上的陈列，一位环卫女工趴在桌上瞌睡。地安门前，沉舟侧畔，人生如梦。

中国书店雁翅楼 24 小时店

地　　址：北京市西城区地安门内大街 1 号
　　　　　中国书店雁翅楼店

电　　话：010-64093362

码字人
影的書墙

8. 码字人书店：开书店不是理想，是人生的疑问

文 / 慕月　图 / 码字人书店、慕月

用李苏皖女士的话说，她花了三个月在码字人书店的颜值上，而淘书、囤书则用了一年时间。并且，在这之前，她还用了半年时间思考一个问题：

当下，我们到底需要怎样的书店?

2017 年 5 月，李苏皖从一家互联网咖啡公司辞职。她决定做点自己想做的事，但做什么，没有想好。作为一个中文系的毕业生，人生的前半场，她从媒体到公关公司再到互联网，兜兜转转 10 年之后，这次她决定重拾初心，继续写作。但“坐家里写也不是个事，能不能干点什么，既和写作有关联，又也用不朝九晚五，还能自己掌控时间”?

这就是苏皖想开家书店的初衷。当然，不为情怀，为创出全新的书店商业模式，“融它几个小目标”。

从事过家居行业的苏皖有着敏锐的观察力，她曾对比实体书店和商业空间自 20 世纪 90 年代末互联网的迅猛发展之后所各自经历的消费升级，认为二者的发展有重合之处。1999 年当当网的成立，让实体书店从 1.0 版走向 2.0 版，从实体迁移至网络。而淘宝网的兴起又加剧了实体书店的转变。在大浪淘沙之后，活下来的不管是书店还是购物商场等商业空间，在进入 21 世纪第二个十年之后，“商业空间的规划和设计逐渐发展到满足用户对自我认同及圈层认同的追求，以便解决人类生命最本质的问题——即‘我是谁’以及‘我属于哪里’。”3.0 版的书店和购物商场，莫不如是。

在苏皖看来，在她想开一家书店的当下，3.0 版已经进入下半场，“书店仅仅将书籍、文创以及杂货搭配摆放已

SWEET
DREAMS

经显得非常同质化了。”

带着创造崭新模式的小目标，苏皖踏上了书店考察之旅。在码字人指南的微信公众号上，还能看到她的行走路线。从上海到苏州到镇江再到徐州，没想到，这一趟下来，如今她反复提及的，却是仍旧处在 1.0 版本的上海绍兴路旧书店。它们多数没有店的概念，就是一个房子。上万册书堆在狭小的屋子里，却有着众多难以见到的珍本。在梅菲斯特书店，苏皖买到印着“黄友逢藏书”章的一套英文原版莎士比亚，里面夹了张新年贺卡，签名日期为 1925 年。

“一屋子的好书将我从金钱的地狱拽回了理想的天堂里。”李苏皖自此开始了为期一年的囤书工作。

尽管不再谈及商业模式，但在 3.0 版的下半场，书店究竟应该承担怎样的功能，这是无法回避的问题。从 2018 年 4 月到 6 月，在尚 8 远东科技文化园，也就是如今码字人书店所在园区的公共空间里，她举办了 3 次快闪书店活动。这像是她对“店”的部分的实践：书以主题的形式呈现，融合了集市、阅读、沙龙、电影放映、展览等众多元素，在她看来，“书店是一个鲜活的文化现场，实体空间对抗虚拟世界无可比拟的优势，当然是现场的鲜活的全方位的真实的感官体验”。

只是没想到，现实再次把她从理想的天堂里拽了回来。第二次快闪书店的内容设计比第一次丰富许多，参与人数竟然不足第一次的一半。两次参与者巨大的反差，给了她真切的一击。此时书店已筹划一年，还未落实场地，可能面临的生存困境就已经摆在了面前：互联网毫无限制的时空可以轻而易举满足人们的众多消费需要和消费欲望，人们来到实体书店的意愿和原因变得摇摆不定且难以把控。面对这门显然不算好的“生意”，苏皖发现自己必须面对的是人生的终极问题：

“你到底是个怎样的人？你到底有多想做这件事？”

第三次快闪活动之后，她签下了租房协议。当时，她引用波德莱尔的《理想》里的诗行作为回答：这世间从来不缺那苍白的玫瑰，且让我任性地选择自己喜欢的花园，即使那是一个永远无人问津的角落。

如今，在曾经的精密仪表厂，如今的尚8远东科技文化园区一角，李苏皖的码字人书店静悄悄地绽放着。200平方米的两层书店里，7000多册的书，多数是文学、戏剧、电影和诗歌，很多来自她那一年的淘书囤货。与这些书搭配的，是密集的主题文化活动，从周五的诗歌之夜到周末两天的展览、戏剧工作坊、青年诗人系列活动，等等，它们几乎充满了码字人书店的每个周末。

除了书之外，填充物理空间的是满足不同身材的大小高矮都不一样的桌椅，寄托了她对码字以及对阅读自始至终的热爱。直到现在，她还记得小时候，和父亲一起去市中心最大的新华书店，父亲逛小说书架，她则坐在小板凳上看连环画。“等他挑好书再回来时，却需要拨开人群才能找到我，因为一堆小脑袋已经绕了一圈将我和书本层层包围。”

那是20世纪90年代初，在新华书店已经80多岁的今天，书店究竟能够带给读者的是什么？对苏皖来说，她

仍旧没有答案，开书店就是解决一个又一个疑问的过程，她还在路上摸索。

Q：看到您之前的书店走访指南，去的都是江浙沪一带的书店，这是为什么？

苏皖：我叫苏皖，生在安徽，长在江苏。我从小在江苏徐州长大，一直到高中。之所以去江浙沪这一带，一方面是比较熟悉，另一方面是书店的氛围、资源比较好，店也比较多。江浙沪一带自古就交通便利，文化出版业的发展也比较成熟。因此，能够看到各种形态的书店，比较方便一网打尽，也算是市场调研吧。因为之前做过媒体，我就申请了微信公众号，一边采访一边思考，算是积累，也

码字人书店创办人李苏皖在主持少儿读诗会

算是偷师。哈哈。

Q：集中探访书店这件事，您做了多长时间？

苏皖：从2017年5月辞职，我就一直保持这个习惯，现在基本到一个新地方，马上就把当地的书店捋一遍。进入这个行业需要不断思考、观察，不能停止。

Q：您去到一家书店，会注意哪些方面？

苏皖：其实这中间有个变化过程，应该与阅历和背景有关吧。我是媒体出身，当时做家居杂志，所以我是对室内空间设计很敏感。尤其是实体店，店面就是零售空间，空间比重很大。

所以开始我去书店的时候，偏重看“店”的部分，考察空间感、环境、陈列，说白了就是美不美。书也看，但不太深入。因为时间表排得很满，有时一天要看十来家店，一家店也就 30 多分钟，还要拍照，争取和老板聊聊天。这样的话没有太多时间去仔细观察。

后来，我去了上海绍兴路旧书店，那些书店没有什么店的概念，就是一个房子，里面是书山书海。上万册的书堆在一个狭小的屋子里，进去后的感觉非常不一样。很多二手书是非常少见的珍本，让我感到震惊，居然还有这样的书店。

震撼的同时也受到了启发：判断一个书店好不好，第一标准肯定是书。书好，才有可能看其他。有了这个思路转变之后，我再去看其他的书店，书变成占据 80% 的指标。基本第一先看一遍书，有个基础分之后，再看书店空间。

这也成为我现在开书店的指导思想。首先要保证书的选品与呈现。我用了很长时间去准备，从辞职到现在，大概一年多的时间花在淘书上，最终书店开业时，自我感觉还是比较有底气的。因为书具备的是内敛的特质，它的价值不会很快体现出来，需要慢慢发酵。也因为这个原因，书不会很快让你获得收益，要想站住脚，还得在其他方面想方法。我的功夫做在了前面，就有了更多精力花在其他方面。

当然，从另外一个角度来说，实体书店也要做好“店”的部分，否则在实体部分不及格的话，那还不如做线上的。要考虑书店空间让大家待得舒不舒服、看不看得进去书，也包括服务、文化活动，等等，这是实体空间带给大家的真实体验。

Q：那么，来谈谈书店的“店”的部分，当时选址的考虑是什么？

苏皖：我曾经做过家居杂志，因为看过很多的空间设计，所以很在意空间感和周围的环境。当我自己做实体空间的时候，希望有更多便利可以发挥自己的长项。我对采光、层高、朝向比较在意；除此之外，希望有个阁楼，可以自然分区；再加上其他一些比如面积、房租因素的考虑……当把这些条件都列出来，就发现其实也没太多选择。

Q：为什么最后选在尚 8 远东科技文化园区？

苏皖：从 2017 年 10 月找到 2018 年 3 月，将近半年多的时间，北京好几个区的房子我都看过。看到尚 8 远东科技文化园区时，是 3 月，尚 8 是远东仪表的老厂房才刚刚腾退出来。隆冬初春，进来的这条路上，草坪还是枯黄的，树都是光秃秃的，右边一整墙的爬山虎只剩下枯藤。那时看不出什么东西，就觉得是个厂房，空间倒是挺开阔，楼层高都很理想，空间感还不错。

过了三个星期左右，我又来了一次。春天到了，草地长出了一层紫色的小花，爬山虎的绿意冒出来一点点，厂房感觉有了生机。草坪左边还有六棵高大的梧桐树，树冠连在一起，比楼还要高。我的公众号里有张照片是同一个位置拍的爬山虎春夏秋冬的样子，我在这里经历了一整个轮回。

其实，当时还看了另外一个园区，但最后还是选了尚 8，很大程度上和它本身的空间感及园区自然环境相关。这个店面不在马路边，而是藏在院子里面，比较隐蔽。整个园区位置也不在商业街区，周围都是生活区，没有购物中心什么的带来人

沉浸式剧场

爵士音乐沙龙

码字人
Make
A
Wish

流量。所以当时选择尚8还是权衡了半天，舍弃了一些东西的。我觉得还是要想好自己第一想做的东西，不可能都满意。

店面最初就是个毛坯房，包括现在的门都是没有的，门本来在另一边，我改到现在这边。另一面墙上的窗户都是死的，换了可以推开的窗户，在门这一侧也添加了窗户。这样晚上书店做活动时，从外面就可以看到里面的灯火通明，有很多书和很多人在一起，会让人产生加入的向往。

再说阁楼。其实本来是两个隔层，层高有将近4米，中间打洞架了3折的楼梯。二楼一般组织沙龙、放映电影，可容纳50人。超过50人的活动就在一楼举办，楼下三个黄色的书架都是有轮子的，推开就是舞台，嘉宾背靠蓝色书架就座，这样就可以容纳七八十人。

Q：书店一般都组织什么活动呢？

苏皖：我的思路是做主题书店，我们以月为单位，每月都有一个大的主题，包括艺术展览、主题书陈列、诗歌、文学、电影活动等，进行整体的策划安排。

比如2018年9月21日开业，开业活动的主题为“旧时光里的新世界”，包括一个摄影展览，摄影师拍摄的是灰尘，因为灰尘是通过时间的变化得到的结果；主题书推荐，选的丰子恺的作品；电影主题是侯孝贤系列电影的拉片讨论会，每周一场。

第二个主题月是从10月17日重阳节开始的，关于老人，关于逝去的记忆。摄影展主题为“漫长的告别”，一位上海摄影师拍摄的她得了阿尔兹海默症的外婆；配合展示了很多关于阿尔兹海默症的图书；《我只认识你》的电影放映，以及文珍、张怡微的新书发布会，因为文珍的书《三四越界》里面有一篇文章写她的外婆，也是阿尔兹海默症患者。

11月开始的主题为“冬日与诗”，一直持续到年底，每个周末都有活动。诗歌、电影、文学，跨年那天还组织了读诗会。

Q：您的书店是电影诗歌主题书店，这个主题是如何确定的？

苏皖：电影和诗歌是我自己感兴趣的方向。而且我现在也在学习，之前在中央戏剧学院学编剧，现在还在北京电影学院学电影理论，我也希望能找到一些同道中人。另外这个主题比较平易近人，不会显得特别高冷。

我本来以为在中戏开课前书店就能开业，结果中间出现很多问题。最后中戏的课都上完了，书店还没有开起来。

Q：难在哪里？

苏皖：首先，书店也面临所有实体店都会遇到的困难。不管是服装店还是餐饮店，实体经济都面临房租和人工成本的增加，都有消费被电商分流的困扰。这是全行业都面临的问题，在解决这个问题的难度系数上，书店的难度比其他实体店要高很多，因为利润率低。

第二个难点，是自身的问题，也是我能不能说服自己的问题。目前这个时代，费了这么大劲儿做这个事，书店存在的意义和价值在哪儿？这是我思考最多的问题，更是安身立命的本质问题。如果这个问题没有解决，那做这个事干吗？不挣钱，就为了满足自己的幻想？我已经30多岁了，不可能骗自己。因此，我走访了很多家书店，和书店老板们也探讨过这个问题。

当然，这个问题里面又分两个方面。一个是实体书有没有意义，我们面临的电子书冲击和阅读碎片化的干扰，这个方面我觉得不必做太多解释：从阅读体验上，不同介质对大脑皮层刺激是不一样的。纸质书在目前这个阶段还有存在的价值，并没有完全被电子书取代。

但关于第二个方面实体书店的意义，我想了很多。一个是选品，线上选购还是存在问题，体验不一样。目前，实体书店可以起到帮你挑书的作用。从这个角度，书店需要主题化，因为如果仅仅是个通路，网络也可以替代的，大数据和系统都可以解决。但对于个性化的阅读需求，一时半会儿程序是做不到的，这就是书店要做的，精准，专题化。只有在内容上深入，才有价值。

还有一个方面是文化活动，书店零售本身的功能一直在减弱，没必要死抱着这块不放。书店是有“现场”的存在，如今“书店”这两个字，最后的价值更多的是落在“店”上，落在实体，因为活动必须在真实空间落实。

所以，现在码字人书店的模式，首先是主题呈现——码字人的内容深入化和分类精细化。其次，各类活动多样纷呈，码字人要成为文化活动的现场，让大家有意识参与文化活动，并形成一种习惯。

码字人书店的书可以借阅的。我的理念是，不是所有的书都值得买回家。很多人即使在书店买了书，回到家也是放在书架上落灰。买了就是拥有吗？其实没读就不算拥有。这是我们做借阅的初衷。如果你在店里或者借回家看了觉得不错，那么再买回去。我们所有的书都是开架阅览。很多书都只有一本，这些书也不鼓励读者买，因为买了店里就没有了。

所以说，在对书的思路上，我还是希望回到书的本身价值，是为了传播知识。现在码字人一楼的书基本都属于四大主题：电影、戏剧、文学和诗歌。社科历史类的书都在二楼。一些创作者，或想要成为职业创作者的人，如果需要充电、找灵感，那么我们书架旁边都有桌子椅子。我希望我们就像图书馆，他们可以在这里查找资料，寻找灵感，创作出一些作品。这是我希望的大家使用我们码字人书店的方法，来这里看书，不买也行，但要保证你是真正在看书，学到了东西。当你看完书，重新放回到书架上，不再需要它时，这本书才真正属于你。

Q：借阅规则是怎样的？

苏皖：最多一次借两本，每本能借两周，超过借阅时间的话，再来办一下续借，但只能续借一次。除了个别旧书不能借回家之外，大多数书都可以。借阅只需要预存金额成为储值会员，且卡上的余额大于书的价值就可以的。

Q：目前的顾客群体构成是怎样的？

苏皖：园区外面的读者多数是慕名而来的，因为码字人书店的位置比较隐蔽，不太可能有很多路过的人进来，只有看到媒体报道，或者知道有我们的存在，专门过来拜访的读者；还有一些曾经参加码字人组织的文化活动，因此知晓我们书店的读者。总体来说，目的性比较明确，因为位置的原因，天然规避掉了无效人群。

还有就是在园区工作的人。一些职场白领会利用午休时间来店里，点杯咖啡看本书，有些人会连着来一个星期，每次大概三四十分钟，看一本书。有一位顾客已经在店里看了四本了。我觉得这位顾客完全契合我们码字人的理念。我希望码字人书店拥有都是这样的顾客，他真正 GET 到了这个空间点，不是单纯聊天，因为如果聊天去咖啡馆也行。

Q：最后问您，也是最重要的问题，您为什么想到要开书店？

苏皖：我觉得我的底色还是个创作者。一个创作者最大的理想是著书立传，写出流传后世的东西，但其本质是传播自己的思想。最开始觉得书店和写作是有联系的，也是和文化事业相关的，可以继续学习，也可以边学习边赚钱。而且不必朝九晚五，还能自己掌控自己的时间。但实际上，真正做起来才发现这是很天真的想法，因为我已经没有多少时间码字了。

之所以开书店，是因为我有些工作经验可以用在开书店上。还好，我之前有媒体出版的背景，对做空间活动也有一定兴趣。而且我之前创业时开过公关公司，在人际交往和沟通上可能比较擅长。假如是完全空白，可能会很难很难。

当然啦，现在看，也觉得开书店是很个人的事，即使走访了这么多书店，也只能说刚刚领悟了一些通用的道理，但是不能直接照搬具体的技巧。开了书店之后，你会发现要不断解决新的问题，这也是我说的开书店对于我来说不是一个答案，而是一个过程、一场试炼。不能躲，必须迎头而上，否则就是放弃。

码字人书店·和平里店

地　　址：北京市东城区和平里北街 6 号院 15 号楼一层南侧 109 室（远东仪表公司院内）

电　　话：18612990430

营业时间：9:30-21:00

码字人书店·王府井店

地　　址：北京市王府井大街 253 号王府井百货 B2 层和平菓局内

电　　话：18612990931

营业时间：10:00-21:30

LOVE 全民
READING

9. 全民畅读书店：我们开的不仅仅是书店，就是这么一个逻辑

文 / 慕月　图 / 全民畅读书店

2014 年到 2015 年的一年之间，误打误撞进入书店这一行的赵杰，在 2016 年一口气开了四家店。请注意，不是连续，而是同时。

在这之前，赵杰创办过教育科技公司，开过酒吧、会所、美式西餐厅、咖啡馆。赶上 2014 年“大众创业、万众创新”（李克强总理在2014夏季达沃斯论坛开幕式致辞）的浪潮，他和朋友进入共享出行领域，经过半年的激烈角逐，项目失败。但又萌发出新的想法，做一个知识共享互联网平台，用知识链接人与人。

“现在一些共享项目都是价值和价格的对等，比如租车，其实就是一种租赁形式。只有知识共享是特例，价格和价值严重不对等。”买一本 20 块钱的书，从书中获取的知识远远超过 20 块钱，这就是赵杰的出发点。

刚开始，赵杰做线上的书籍漂流与共享，软件开发完，自己都说服不了自己，并且没有大量资金培育市场，只好亲自掩埋了自己的产品。“那时基本没人做这块，很难变现。手里的钱有限，放在线上，唰地一下就没了。”

于是，他决定转做线下。一是自己有丰富的实体经营经验，二是进入终端掌握用户最根本的需求，为后期获取充足的数据。同时，也因为“赔也赔得比较慢。”

恰逢中国园林博物馆的朋友找他为博物馆打造一间书店。自此，赵杰开始了他的研究：围绕书店，上至出版社作家，下至到店的客人，他曾与三五百人聊天，这就是全民畅读 1.0 版本的开端。在这个初级阶段，赵杰给自己提出三大问题：“我是谁？我要干什么事？我服务的是什么人？”

2018年年末，全民畅读升级到了3.0版本，但真正挂牌的，只有两家店。刚开的第二家，位于石景山区八宝山地铁站旁的朗园PARK。这个有着1000平方米的书店，不同于第一家位于老厂房里走复古怀旧风格的特钢店，这里打通了两个仿古建的平房，经重新设计，整个空间通透、明亮、现代，有餐厅，有咖啡实验室，有花店，有健身房，也有按小时计费的阅读隔间。

事实上，从1.0版到3.0版，创办人赵杰还在不断地刷新。他并不认为自己是在做书店，他依然称自己是互联网创业者。用他的话说，书店是他的模型，他真正想做的，是打造书店背后的产业链。

“就是这么一个逻辑。”在见到赵杰的将近一小时里，他说得最多的就是这句话，足足重复了20多遍，可以看出创业的底层逻辑是绝对重要的。

1.0版本
我是谁，我要干什么事，我服务的是什么人？

赵杰心中的书店的初步模型，并不是以卖书为主。“现在很少有人为了买本书，专门去逛书店。到书店买书已经成为过去式，电商的售价比实体进货价还低，可能也只有万圣（专业度）还能坚持这个事吧。”

于是，就有了之后同时开四家店的“壮举”。如果不卖书，卖别的东西的话，开在哪里顾客才买账？

在赵杰看来，同时开的四家店并不是店，而是互联网的迭代模型。他最初的想法是延续知识共享理念，定位全民阅读推广，打造文化生态平台。也就是说：“不仅仅卖书，还要搞成一个综合空间，大家免费看书，我卖服务，把这些嫁接进来，最终的模型是个书店。就是这么一个逻辑。”

四个模型，分布在完全不同的地方。除了中国园林博物馆里，还开在大观园的戏楼里，创业公寓中，位于中关村的一个创业空间的开店计划在策划阶段被他中止：“因为我就是创业者，哪有时间看书？喝什么咖啡都无所谓，有个座位能让我跟人聊会天上个网就行，我没有时间享受。”

还有一家，就是位于石景山区特钢园区店。

有言曰：一个石景山，半个首钢厂。创建于1919年的首钢，占据了整个石景山区十分之一的面积。这个创造大工业时代传奇的工厂，巅峰时期有近 14 万职工在厂里生产、在园区生活。但自 2008 年首钢搬迁河北曹妃甸后，老厂区逐渐陷入沉寂。赵杰接盘的正是位于首钢三大园区之一的特钢园区中的一间老厂房。

要找到这里，你需要坐上贯穿北京东西的地铁 1 号线，一直坐到最西边的终点苹果园站，然后再步行 20 分钟到达园区。从园区门口到全民畅读书店门口，你还需要依靠导航，走上至少 10 分钟。探店当天，气温低至零下 12 摄氏度，在店里买了杯咖啡，端着走到园区门口，杯沿上已然全部结了冰碴。

“第一个会员给我的印象特深，他说你们是不是疯了，在这么一个偏僻的地方开书店，怎么会有人来呢？”一开始，这是最不被大家看好的一间店，偏僻、凄凉，赵杰团队利用原厂房空间的小半层钢结构进行了简单搭建，仅能容纳 20 人。

“冬天巨冷，咖啡端上来就凉了。”2015 年 12 月圣诞节开业之后很长一段时间里，每天的收入只有几块钱。赵杰虽然觉得这里与众不同，但心里也在打鼓。这是他开的四家店里的最后一家，他给自己的期限是一年，如果一年后这家店达不到收支平衡，就把它关掉。

然而，出乎大家的意料，半年之后，这家没有做任何宣传的店突然之间成了网红。第二年春天，越来越多的人慕名专程来到这里。翻阅特钢店的 700 多条大众点评，“跟写作文似的”，无不在传递着两点：第一，非常难找；第二，

非常适合沉下心来看书。从园区门口到书店门口的那段路，成了穿越都市喧嚣抵达内心宁静的必由之路。再加之喜欢收集旧物的赵杰把特钢店的空间氛围打造得颇有怀旧感，“来这儿的客人会有一种心理，我只带最好的朋友来，我不想破坏这个私密空间”。

如今，特钢店成为当时四家店里硕果仅存的一家，在 2016 年年底经过长达半年的翻修扩容后，于 2018 年年底登上北京电视台《创业中国》栏目时，赵杰团队给出的数据是，全民畅读特钢店从最开始的一天只能卖出一个汉堡，到年销售额 300 万。

那时，全民畅读还不叫书店，叫全民畅读书吧。但这次略带有无心插柳性质的成功试水，让赵杰团队开始尝试回答他们的三大问题。首先，他们要做的是——打造能够让人“待着”的空间，确定和园区相结合的选址定位。其次，勾画出他们的用户群体画像。赵杰在 2018 年撰写的《全民畅读文化空间报告》里，有着这样的概括：

“城市精英人群成为我们服务的对象。他们对于文化生活的渴求以及对生活方式的追求极其敏感而强烈。他们的共性可以通过以下关键词概括：受过良好的高等教育、自律、有爱、开放、向往自由、个性鲜明、有文艺情节、爱好运动、对品质需求大于品牌、注重自我提升等。”

“第一点，要利用书的价值。第二点，用其他变现能力强的方式结合起来，就是这么一个逻辑。”

这就是全民畅读特钢店——在城市书店概念下，提供知识服务和阅读场景的新文化空间。

2.0 版本
如何快速突围，形成个性？

还是再回到全民畅读特钢店重张开业的时刻。

用掉 200 多吨水泥、35 吨钢材，耗时 7 个半月，全民畅读书吧终于完成改造。但 2017 年 7 月 20 日开业时，大家看到的依然是个半成品。刨花、水泥、钢筋随处可见，但这意外地激发了读者们的创造热情。“很多人给我们出主意，这个花应该放在那儿，然后这个柜子应该这么摆。”这个 60% 是全民畅读想法改造，40% 开放给用户创意的空间，成了全民畅读和读者互动的桥梁。“不见得非要做个什么活动，打破空间的壁垒，其实挺好玩的。”

空间个性化是全民畅读 2.0 版的关键词。在全民畅读特钢店新改造的三层空间里，依然保留着工厂中的天车，在原来工厂的天然基础上，打造出一种特殊的文化氛围。这里不仅有公共阅读空间，也有数个收费书房，从 4 平方米的拐角空间到 15 平方米的大书房，每小时收费 20 元、30 元、50 元不等，而会员可以免费使用 3 个小时。家具及其他摆设来自从特钢捡来的废弃物件，或者开酒吧时遗留的椅子、大观园店里的家具……它们承担着打造迥异阅读场景的使命。这里的书架没有明确的书籍分类，但在特钢安全生产标语“重视科学不冒险”装饰墙面下方，却有意摆上了科学类书籍。赵杰说，一开始就没打算指着卖书赚钱，书主要服务于空间品质以及用户在空间里的需求，比如借阅、阅读、创造和好书不期而遇的感觉。

不靠卖书赚钱，那么靠什么变现？这是全民畅读 2.0 版本需要解决的实际问题。因为之前有过开餐厅的经验，赵杰的最初想法是把餐饮和书店结合起来。“不是说做空间为了卖餐，而是因为可以在消费空间看书、喝水、吃东西。”当然其前提，正是“能待得住”的空间。在一次采访中，赵杰表示，根据统计顾客在店时间平均在 2 个小时以上，而且

有 95% 以上是因为全民畅读而来。这让他们在试营业的第一个月就实现了盈利，而且之后每个月都在稳步增长。

全民畅读真正开始在书店行业崭露头角是在 2017 年年底，全民畅读特钢店先后荣获“第七届书香中国•北京阅读季阅读示范社区”和“2017 年度中国十佳特色书店”奖，在被《北京日报》报道之后，全民畅读进入大众视野，特钢书店和老厂房的结合，符合石景山区的文化规划方向而成为文化地标，自此走上了加速轨道。但赵杰并没有止步于此，在他看来，这仅仅是个开始，意味着他开始有足够的数据来检验他的模型。

第一，如何利用书的价值。赵杰不否认书店的凝聚能力关键在于选书，只是如何选书才能既保证空间的品质，又满足空间用户时尚前卫的特点。“30% 的好书（主要指人文艺术类书籍），70% 的畅销书，这是经过长时间运营得出的较为合理的比例”，按照这个模式，全民畅读组建了负责核心书籍挑选的小团队，而其他图书选择了外包。

如最开始的理念，赵杰也并不认为书的价值仅仅等同于书的价格。但在挖掘图书价值的层面，书店传统的方法是举办和书有关的活动，特钢店也一度沿用。“举办的免费活动大约七八十场，但读者多数是冲着出版社和作者来的，读者没花钱，书店也没留下人脉。仅靠线下举办收费讲座，只是杯水车薪。”赵杰认为线上、线下立体开发才是趋势。

在一次采访中，赵杰表示正在和合伙人李宇开发一套课程。李宇人称派叔，原本是个狙击手，在Keep健身（APP）里拥有50万的粉丝。赵杰团队将李宇最新推出的一本讲授格斗的新书拆解成课程，在线上出售，而线下也有相关课程。“买一本书的版权，把里面的内容开发成文创产品或者课程。如果说我们线上的一套课程售价100多元，那么线下的小班课程就会贵很多，可能要几千元。”

文化空间是否可以有更多内涵和外延？赵杰不止一次

提到日本的茑屋书店。从 1983 年开设茑屋书店枚方店，创办人增田宗昭就不断摸索着新时代书店的经营模式。从 1984 年开设书店、咖啡馆、办公室相结合的江坂店，再到成立 TSUTAYA 在线服务、启动与数个行业的店铺打通的 T 积分，2011 年在代官山开业的代官山 T-SITE 就如同增田宗昭的线下实验作品，通过将“顾客价值”和“生活方式提案”作为企业理念中心，代官山 T-SITE 以“人性尺度”为目标的空间设计，将书店和餐厅、照相机店、电动自行车专卖店、宠物服务店、玩具店等设施结合起来，打造文化商业综合体。

“这 30 年来……我向顾客提供的不是一个个实物，而仅仅是表现于其中的生活方式……我们出售的不是一个

个商品，而是其内容，所以顾客没有必要买下来，只需要为用于记忆其内容的时间支付代价。”增田宗昭的话在《知的资本论》中如是说，赵杰也深以为然。

在全民畅读特钢店里，除了售卖空间和餐饮，还曾有一个运动空间的雏形。2018 年 4 月 23 日世界阅读日，曾举办过别开生面的边做平板支撑边读书的活动。

当然，运动空间的真正实践，要到 3.0 版本。在再次更新的途中，赵杰得出一个结论，如同茑屋从仅仅开设书店，到成为以书店为中心的线上、线下的综合体，全民畅读该做的是“传达一种生活态度，也是一种生活方式。不限制于实体空间、自媒体传播、移动互联网，所有的表现形式都是在强调畅读的本身”。

3.0 版本
空间里到底卖什么东西能跑出来？

3.0 版本的全民畅读，就是位于石景山区八宝山地铁站边的朗园 PARK 店。其所处的位置是由旧货市场改造的园区。以平房院落为基础进行的设计改造，令这家店拥有着 1000 平方米的面积，除了全民畅读延续下来的众多阅读空间设计之外，赵杰所说的众多生活方式在这里得到实践。

比如，独立的壹派运动空间。但这里并没有跑步机或者其他器械，主要以私教和小团课的形式，让参与者依靠自重进行搏击、瑜伽、体能等训练。用合伙人栗冬的话说，要把文化注入身体，“把提升自己最低成本的两件事都干了”。

比如，西餐厅。这得益于另一位合伙人，有着 14 年西餐运作经验的小朱。

比如，咖啡实验室。这里并不是简单的咖啡厅，而是可以学习和聊与咖啡有关课程的互动空间。来到咖啡实验室的人，可以从生豆开始，一直到完成一罐自己磨制的咖啡粉。

除此之外，还有精酿啤酒、文创礼品的售卖……赵杰说："全民畅读 3.0 版本，主要跑零售这一块，到底卖什么东西我才能跑起来？"

对内，赵杰充分挖掘着合伙人的潜力。如同增田宗昭所说，生活提案本身已然是高级编辑的工作，对员工能力要求很高。全民畅读也不例外，每位合伙人都各显神通。朗园 PARK 店里有一面网红打卡墙，布满 600 册《国家地理》杂志，没有一册重复，这些来自负责图书运营的有坤的部分收藏。在布置墙体时，为了既不破坏杂志，又能展示出效果，还要考虑节省成本，团队齐上阵出主意。"土法炼钢"的结果是，他们买来几百个黄色文件夹，上下夹住杂志，然后再用钢丝线穿起来挂上。

对外，他们不断复盘。"读者凭什么会再来？凭什么还能带着朋友来？"如果说，提供知识服务和阅读场景是全民畅读的核心价值，那么在多元化模块的设计中，他们依然在思考："哪些要让利给用户，以便留住他 / 她；哪些需要赚钱，以便养活自己。"在赵杰看来，最重要的不在于开更多家全民畅读书店，而是赋能给别的开书店的人。

以咖啡实验室举例："把北京那些咖啡老炮、大咖都

聚到这里来，然后成立一家公司做产业链。将来想开书店的人在这方面有不懂的，我可以为他们服务。”除此之外，赵杰还和开发图书管理系统的益华图书管理软件成立了全民畅读数字文化有限公司。赵杰的目标是基于大数据，服务整个文化消费领域，“从只管理图书到管理整个文化服务行业”。

2018 年年底，全民畅读朗园 PARK 店试运营阶段。此时，全民畅读已经由“书吧”改称“书店”，进门处摆放的美食、摄影类书籍，在无声回答着赵杰最开始的提问：“我们不是推某某作家，也不是表达什么思想。书是我们想干的其中一件事，对于一个能在里面待一天的空间来说，进门的书不能有太大难度，需要让读者很轻松地进入状态。”

赵杰团队表示，他们还在不断调整之中，也会按照既定的节奏走，哪怕中间会有突然加速的事件出现，也没有关系，“我们知道我们要的是什么，而且为了那个目标，我们不可能跳着走”。

这时的赵杰似乎又回到了2014年创业的阶段，或者说，他从来没有忘记自己要做的是什么——知识共享平台。通过线下实体店铺的实际运作，以满足顾客需求为理念，不断收集用户数据，同时打通上游产业链，最后整合为线上的大数据平台，为整个文化消费行业进行技术输出。

“没有竞争对手，谁都是我的客户，现在我只是还在做样板而已，对，就是这么一个逻辑。”

全民畅读书店·朗园PARK店

地　　址：北京市石景山区上庄大街朗园PARK
营业时间：9:30-21:30
电　　话：010-53704151

全民畅读书店·特钢店

地　　址：北京市石景山区杨庄大街69号筑福国际西厂区
营业时间：周二至周日 10:00-19:30
电　　话：010-68871561

10. 模范书局：我们不能用情怀去担当一切

文 / 慕月　图 / 慕月　曹伟　王曦　模范书局

在网上搜索模范书局，出现最频繁的几个字眼是：文艺、最美、旧时光、民国风……身兼诗人、画家、设计师、出版人以及收藏家等多重身份的创办人姜寻先生，在文章中的照片总是一副艺术家的高冷范儿，不是在刻雕版，就是在看他的藏书。

我见到他时，他正忙于筹备模范书局的第四家店。这家店开在有110多年历史的一座教堂中，内部设计由他亲自完成。那时是2019年1月，模范书局成立的第五个年头。

元旦，姜寻发了个朋友圈：阳光温暖，朋友常来。他坐在金融街购物中心的咖啡馆里，一边忙活新店的事，一边用东北口音的普通话招呼我：想问啥，随便问。

2014年，位于前门杨梅竹斜街31号的模范书局开业，书局位于一栋二层灰砖的民国时期的小楼中。其建筑年代已难以考证，对面是清末民初北京四大商场之首的青云阁。2014年5月的一次到访，让姜寻想到自己多年前搜藏的一本富晋书社的书目，里面每页均标有“杨梅竹斜街”“青云阁楼内”的字样。这成为让他在这条街开一家书店的缘起。

若说最美、最文艺的民国旧时光氛围，那还要说到杨梅竹斜街的过去。民国时期，世界书局、中正书局、开明书局、广益书局、环球书局、大众书局、中华印书局等7家书局均设立于此。沈从文曾在这里客居，创作出《边城》，鲁迅日记中也曾记载到青云阁“饮茗，食春卷”。模范书局所在之处，曾是“生”报社、“彝宝斋南文具店”旧址。地处当年的文化一条街，姜寻力求恢复原貌，花了近一个月的时间，才去除掉之前居民留下的痕迹，并保留下初建

艾节　摄影

艾节　摄影

时的房梁，设平窗，地板也均由民国门板改造而成。书店入口处的屏风花纹，仿照的是民国样式，是姜寻亲自到玻璃厂调出来的颜色。精致成为模范书局杨梅竹斜街店的底色，书局内部每一本书、每一处设计，都体现出主人的心思。难怪书局里有个规矩：不可以拍照。只有放下手机，慢慢逛，慢慢看，才能感受到这家店细微之处的用心，“随意挂的一张地图都是民国的，1936年的地图，包括台灯，各个细节都非常下功夫去经营”。

用姜寻夫人邢娜女士的话说，杨梅竹斜街的模范书局像是买手店，也像是他们自己的书房：“一部分是我先生喜欢的，一部分是我喜欢的。”掀开模范书局的门帘，令人印象深刻的是左右墙面挑高二层的落地书架，一侧是一整架超过500本的签名本。中间的桌子上，不乏稀有版本，多为艺术、收藏类的小众图书。邢娜告诉我，这里的畅销书作者是董桥、扬之水……

从一楼的前厅来到天井，穿过铺着白色鹅卵石的后院，如有预约则可前往二楼。二楼一间为面向会员或朋友的房间，另一间则是印刷工坊，身为国内雕版最大的收藏家之一，从成立“煮雨山房”工作室到模范书局里内设雕版印刷工坊，姜寻一直致力推广雕版印刷和纸本阅读，模范书局的“模范”二字，正来源于古代的活字为“模”、盛具为“范”，还原的是古代活字印刷的流程。据说，去工商局注册时，“模范”引发的歧义让他始终未能通过报批。最后，他不得不找到相关领导解释方才过关。

站在二楼廊桥上放眼望去，周围都是灰扑扑的灰瓦平

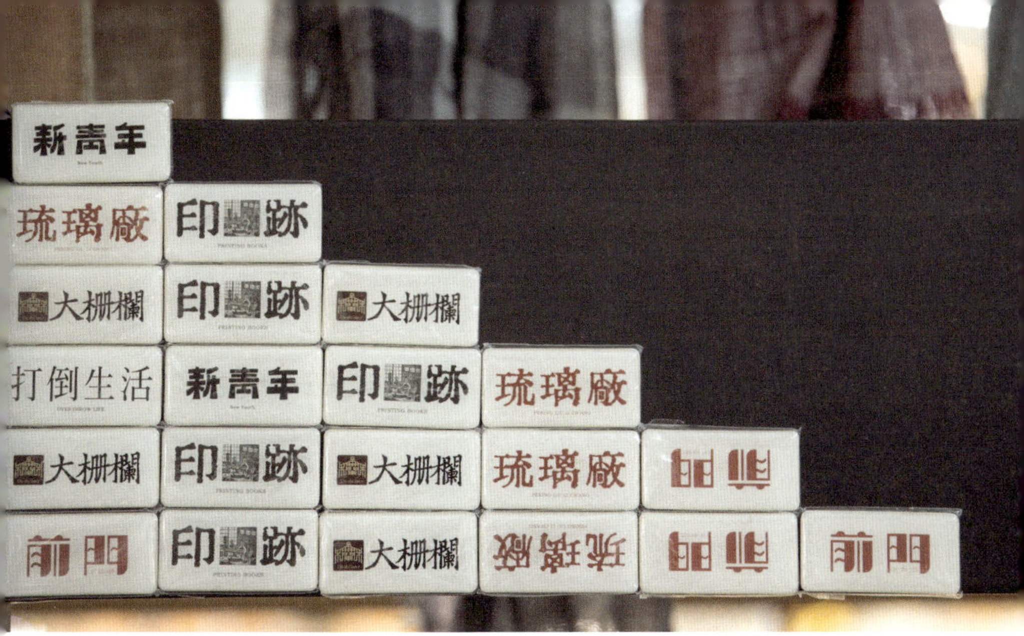

房屋顶，仿佛回到北京还被称为北平的年代。而姜寻并未停步在民国文艺的旧时光中。

开始时，姜寻将模范书局定位为服务于专家、学者、收藏爱好者的高端客群。从一楼一侧书架高处码放的《中国古籍文献拍卖图录》以及浮世绘画册等书籍可见一斑，一套书将近 17 万，还有雕刻有三字经的魔方等文创产品。但四年时间，书店行业效益的整体下滑，让姜寻从自己的书房，这个“读书的井底”走了出来，“书店业已经快成夕阳红产业，不，夕阳产业，红都得去掉。开书店是要有勇气的事情，但不能用情怀去面对一切”。

于是，他做了几件事情。开辟书边文化文创纪念品，有上万元的文创产品，也有10块的冰箱贴。他走出了杨梅竹斜街，陆续开出更多的模范书局，不论是天桥艺术中心店还是金融街店，在统一的视觉设计中，又有着不同的人群定位和产品组合，天桥艺术中心主营戏剧、艺术设计相关书籍，金融街店干脆没有店面，就在商场的中心区域开辟出一方空间，主营玛瑙、玉石等古玩；第四家店位于中华圣公会教堂的模范书局·诗空间，定位于高端发布会与展览空间。模范书局的演变从最开始为爱好收藏的朋友提供藏品，到向更多的人宣传纸本阅读文化，以及为书店行业输出技术、为商业地产等企业输出文化附加值。

商业和文化究竟应该怎么接轨？姜寻说，这是他一直思考的问题。他正在把书店打造成文化与技术输出的平台，在这个过程中，他并不排斥借助大众的力量来宣传他依然小众的书店。之前，杨梅竹斜街的模范书局接受了杨超越的探访。尽管姜寻表示自己并不知道杨超越究竟是谁，但他不介意：“书店成为网红不是挺好吗？文化上犯不着自我清高啊。”

Q：您为什么想到在书店里做雕版的工作坊，并出版书籍？

姜寻：收藏雕版是我的个人爱好，收藏的主要是宋元时期的雕版，特别是元版，已经坚持十五六年，收藏有30000多块。2009年成立雕版博物馆（2012年时被拆），2015年主持中韩日雕版研讨会，做了很多推广工作。所以我在杨梅竹斜街的模范书局里内置了一个雕版工作室，想把展览这块挪过来。

2014年，我们给诺贝尔博物馆做了雕版印刷的莫言《大风》，也接受他们邀请在博物馆展览。这个算是国外“镀金”的过程吧，之前做雕版十来年，没人知道我。一说莫言，都知道了。

这次出去，我意识到文化输出的必要性。我们觉得外国人肯定知道我们的印刷，结果到国外一看，他们根本不知道什么是宣纸，什么是雕版，完全没见过。展览时观者如云，都很好奇，只能说明我们输出的东西太少。

Q：是否可以理解为，雕版是模范书局的特色，而文化输出是书店的宗旨之一？

姜寻：我们有两个宗旨，一个是传承书香文化，一个是雕嵌纸上风景。雕版是我们的长项，也是我们的业态。我们有自己的工坊，也有几个自己做的独立字库。刻板这一块，我们专门培养自己的人才，扬州、广陵、南京，都有师傅帮忙。

装订在工坊可以独立完成。从刻板到刷印，再到装订、贴书号，一天平均也就能刻二三十个字，一年也就能完成三到五部。我们印刷的都是现当代诗人的诗集，比如北岛、余光中等。以前也做古代的，后来觉得如李太白集什么的都出了多少版了，没有必要重复。印刷的北岛诗集，5000元一本，印刷300本。这一块的市场就这样，印1000本也卖不出去。

这也算是我们推广纸本阅读的一部分。我并不排斥电子阅读，不都是读吗？只不过是纸版书可以深度阅读。都说看

浅眼落暖 摄影

艾节 摄影

艾节 摄影

模範書局
+ 準工坊

杨小洲 摄影

个微信信息只需要四秒，那基本记不住什么东西，慢慢地人就变成金鱼的7秒记忆了。电子阅读扩展了我们接收到的信息，但也造成了拥堵，干扰了我们的深度阅读。所以我们痴迷于纸本阅读。虽然是小众阅读，但不会消亡，因为这区别于泛阅读、浅阅读。

Q：除了梅竹斜街的第一家店，其他几家店是什么样的情况？

姜寻：开在天桥艺术中心的是我们的第二家店。剧场有剧的时候还不错，会有爆发性的销售额增长。第三家店就是在金融街购物中心里，原来我一直犹豫，觉得那里少了点文化氛围，但恰恰这家店出乎我的预料。金融街购物中心看着冷清，但有效人群多。那家LV店一个月2000多万的流水，我这家店一个月20多万很轻松，有时也能到60万。顾客买我们的玉石，5万块标价，根本不讲价，有时候一单就15万。

Q：这是否意味着您在开书店的思路上有所转变？

姜寻：到目前为止（截至2018年年底），我开书店有四年时间。最开始其实有点自嗨，坐拥书城的感觉很好。2014年刚开杨梅竹斜街那家店时，一天店里来了一个参加北京马拉松的中学生。他从中午开始，挨个看我们的书，连饭都没吃，恋恋不舍，走的时候问：明年你们还在吗？当时听到这句话，我就开始思考书店的生存问题。现在书店倒闭的特别多，我们也在反思。书店业已经快成夕阳红产业，不，是夕阳产业，红都得去掉。我们不能用情怀去面对一切，还需要客观地搞活起来。

艾节　摄影

王世襄集

日本古寺美術全集

商业和文化应该怎么接轨？我可以说，当下懂得书又懂做书店的没有多少人。我也是在这四年里，不断摸索怎么理顺书和书店的关系，如何既结合书又能把书店运营起来。我认为当前书店存在，其业态必定是服务小众的。大众的书当当、淘宝多得是，干吗和他们拼啊。所以我更愿意做一些小众的、高端的，比如古董书。一方面是我热爱，另一方面也是市场使然。

如此决定我们不会做标准化书店。新开的模范书局·诗空间教堂店，把书店开在110多年历史的教堂里。一共660平方米，装修不动骨架，全部是我设计的。我们的定位就是把这家店打造成高端发布会的场所，也可以举办展览。收藏是我的爱好，把名家聚集起来，这个是我的能量。除开书店之外，我们也提供配书服务、开书店的技术支持以及店员培训。

四年后的今天，我觉得我们做的是平台。以模范书局来说，是以旧书为主，给买家提供好的藏品，把我的模范书局变成他们的模范书局。2018年元旦我发了一个朋友圈：阳光温暖，朋友常来。这是我们搭建起的平台，从我自己一人坐拥书城，到结识天下朋友，比较宏观，也比较博爱，是做书经验的升华。

Q：除了卖收藏的书，您的书店还卖别的产品吗？比如文创？

姜寻：我在中法文化年交流活动中讲过一些文创的课，我说我把文创定义为书边文化。一个是文物创意产业，比如把老的雕版残片，嫁接到文创上。还有的是中西合璧的，比如魔方，是西方人发明的，我刻上字，也是做了嫁接。还有一部分是科技产品，比如磁悬浮香炉，卖得都还不错。这些都是我设计的。

Q：是否您设计的产品价格都比较贵？

姜寻：其实也有便宜的，比如我们做的冰箱贴，10 块钱一个。我也在探索，怎么样把草根文化挖掘出来。

我觉得可以借用网红的力量。金融街店之前做展览，展出的是来自日本的陶瓷制作家村上直子的作品。她不属于大师，做的白釉休闲陶也不算贵，有一两百元的，最贵的也就 1800 元，都是生活化的器皿。当时代理跟我谈，说要给我费用，我还纳闷，给我钱你们不赔吗？开展时，村上直子也来到现场，没想到自带流量，现场来了 1 万多人，包括从天津等地专程来见她的。7 天我们卖了 498 件作品，一个月卖了 60 多万元，还预定了好多作品。这种模式令我很吃惊。因为之前办展览，从没觉得要挣钱。但是这样不是更好吗？给我们费用，还能拿到提成，作者也得利，双赢。

我觉得书店应该改变传统模式，依靠外在力量。以前我们对网红有误解，之前有次说杨超越要来探店做节目。我们内部两种声音，后来我说尝试一下吧。结果这节目有 700 万点击率，第二天就很多人来探店。所以，现在我改变了思路，网红是文化输出必要管道，给我带来流量，让我卖得好，挺好的。再说了，书店成为网红不是挺好吗？不能说自己没红就嫉妒别人。文化犯不着自我清高啊。

模范书局 · 杨梅竹斜街店

地　　址：北京市西城区前门杨梅竹斜街 31 号
电　　话：010-63046321
营业时间：10:00-19:30

模范书局 · 诗空间

地　　址：北京市西城区佟麟阁路 85 号
（中华圣公会教堂旧址）
电　　话：010-66023321
营业时间：10:00-18:30

模范书局 · 天桥艺术中心店

地　　址：北京市西城区天桥南大街 9 号
天桥艺术中心 104 单元
电　　话：010-59540599
营业时间：11:00-19:30

模范书局 · 金融街购物中心店

地　　址：北京市西城区金城坊街 2 号
金融街购物中心 1 期 3 层中庭
电　　话：18548905621
营业时间：10:00-21:00

周边书店

前　门

PAGE ONE

图 / 慕月、文森

PAGE ONE

地　　址：北京市西城区前门北京坊东区 E1 楼
电　　话：010-63183761
营业时间：周一 10:00-22:00
　　　　　周二至周日一层 24 小时，
　　　　　二三层 10:00-22:00

MUJI

MUJI

地　　址：北京市西城区煤市街廊坊头条 21 号院北京坊西区二号楼

电　　话：010-63169199

11. 内观堂书店：就是图一乐

文、图 / 慕月

事情要先回到多年前的一天，代煜女士和家人召开了一次家庭内部会议，主题是，不再工作的她能干点什么。

2006 年，北京为迎接奥运会，决定将北京焦化厂外迁。在这个有 6000 多人的大厂里风风火火工作了 30 多年的代煜就这样离开了工作岗位，回到了静悄悄的家。绰号“代老板”的她一时间很不适应：“真没劲啊。”这就是家庭会议召开的背景。

其时，代煜家有一处位于前门铁树斜街胡同和陕西巷交界的房子。会上，家人提议把它开成饭馆，但遭到了代煜的反对：“就我这性格，开饭馆肯定得倒贴钱进去。”一来二去，最后，忽然有人提议：“那什么，开个书店行不行？”

2010 年，内观堂书店开张。“内观堂”三字，是代煜

的弟弟起的，意思是观照自己的内心。招牌是她的爱人刻的。

群策群力之下，代煜摇身一变，成了书店老板。刚开始，她没敢跟任何人说开书店的事。直到三年之后，过去的同事才得知她的新身份。他们大为惊讶，这个在厂里做了十几年技术、又做了十几年管理的“代老板”改行开了书店？

他们说：“你是不是就开了一个报刊亭？开书店？绝对不可能。”说实在的，代煜自己都不敢相信。

一

出前门地铁站，正对着的就是正阳门。沿前门大街前行，直至走进大栅栏，这条自明清时代开始已有数百年历史的老商业街如今焕发出一种新旧混合的暧昧气味。一侧

是这几年新建的以文创等生活体验为主的仿古商业建筑群北京坊，另一侧则是挤挤挨挨售卖各种小商品的小商铺。过了煤市街路口继续向西，在被导航错误地指引绕了一大圈后，我终于走到了铁树斜街和陕西巷的交界处。此处基本没有了游客的踪迹，胡同上方的蓝天偶有鸽子飞过。在更为市井的氛围里，据说曾有客人不解地对代煜说：“这破胡同有什么可转的？”事实上，这些如今在游客眼里十分陌生的街道，在100多年前，有着一个耳熟能详的称呼：八大胡同。

过去的娱乐场所，如今多数成了民居。内观堂书店就坐落在此。夏天，门口过于繁盛的爬藤绿植悄悄地挡住了它的招牌，好在冬天又让一切恢复原貌。木质招牌上刻着几个篆书——内观堂，招牌旁悬挂着几盏写着“书”字的纸灯笼。大大小小的各色花盆簇拥着一块黑板报，上面用粉笔写着周边胡同的介绍。它的主人代煜正站在书店门口向外张望，如果不是事先约好，我大概会得到这样的招呼：

“来，来，请进。今天有五六级大风呢，店里开了空调，您可以在里边待会儿，暖和暖和。”

遥想5年前，当代煜的同事初次踏进他们想象中的“报刊亭”，是否会和我有同样的感受？在不到40平方米的空间里，旧物件儿正排山倒海般向我涌来。进门迎面的大桌和书架上都堆满了书，从20世纪五六十年代的连环画、杂志、课本到当代艺术画册，再到英文、日文的旧书，除此之外几乎所有的空间都堆满了各个年代的玩意儿：拧发条就能在地上蹦跶的铁皮青蛙、新中国成立初期的报纸杂志、

20 世纪 50 年代的上课前摇的铁铃、绣着“为人民服务”字样的工农兵学员背包、在广场上放电影的老旧放映机、民国初年的前门老照片……各种物件摆放得毫无章法，却又让人莫名其妙觉得自成体系。与其说是书店，不如说是个打乱了时代的杂货铺，你站在店里唯一的一条狭窄的过道上，得以眼花缭乱地眺望过去的岁月。而它们的主人，正为你搬来凳子，沏上老北京人常喝的茉莉花茶。

代煜开始讲述内观堂书店的过去，如同书店里的陈设，没有既定的时间线，更像是街坊邻里的一场唠嗑。

二

还是先从多年前的那次家庭会议说起。

开书店的提议之所以一致通过，是因为代煜小时候功课特别好,她在焦化厂工作的后十来年一直在做管理工作，开家主要和人打交道的书店，让大家觉得或许可行。

代煜当即拍了板：“得，干脆试试呗！”但她心里其实也没谱。从没跟书打过交道的她决定先拿出自己的私货——属于她们那个年代的闲书、杂志等。家人和朋友们又帮着贡献了一点。然而，拿到书店一摆，“就从那儿到这儿，就这么一摞”。所有的书加起来，只够摆满中间的一张桌子。

这样的窘况，让代煜很长一段时间都不敢开门，东西少不说，面对 20 世纪五六十年代都是个位数价格的图书，她完全不知道如何重新定价。偶尔进来个客人，人家还没说什么，她倒先紧张起来。“他要干吗？不知道要说什么呀……哎哟，早晚它不死我也得憋死了。”

于是，内观堂书店的第一个阶段，要解决的是生存问题。代煜跑遍各大图书馆、旧书市观摩学习，连出去玩，每到一个地方第一时间都会去书店，背书回来之后再和弟弟、弟妹一起商量探讨。渐渐地，她开始摸清门道。虽说没有明确的经营理念，复合式书店那套模式她也学不来，但她心里清楚：“小，要有小的特点，这才能存活，对不对？有人说，你怎么不弄成中国书店的样子？我说中国书店咱比不了，当然咱并不是说人家不好。”

代煜会前往旧书市淘书，也会收亲戚朋友拿来的旧书。收来之后，她将它们清理干净，纸张已经变脆的书则装进透明包装袋，用铅笔把价格写在不干胶贴上，然后再贴在包装袋背面，如此大致分类整理完成后，初步完成了上架的工序。没有管理软件，“我一使电子的东西就全完”；也没有固定的进货类别，弟弟的一位朋友经营小玩意儿小物件，她也进了些。“摆在店里挺有特色，能卖就卖了。不卖，摆着也很好看，对吧？”店里只有一个规则——全部都是旧书旧物，原因其实也很简单，“见过的我还能给人讲一讲，要是新东西，我连见都没见过，怎么整？手机我都不爱使”。

然而，正是这种无心插柳的复古年代感，更加吸引了读者的注意。之前有人表示愿意为书店拍个片子在电视台上播出时，她还担心对方骗她：“要钱我可没法给您了，您瞧我这儿乱七八糟的……”

解决了第一阶段的生存问题，大约在开业一年多之后，标志性事件就是代煜开始打造进门正对的那面墙。许多街坊邻里和读者来到店里，大家七嘴八舌地帮忙出主意。最后，她决定用富有老北京特色的屋瓦来装饰书架的上层，这一“创举”成为内观堂最惹眼的一道风景。但安装的前一天晚上，她和请来的师傅面对一堆印着“寿”“喜”的瓦片大眼瞪小眼，“谁也不知道怎么安，哎哟妈呀，那个晚上我拿着这瓦，相面相了大半天”。

她终于有事干了。很快，书店里的东西就多到只剩一条狭窄的过道，书店的留言本已经写满了两大本。迎来送往，她接待了各色人等，有从外地来北京的异乡人，有来缅怀过去岁月的老北京人，有闲逛进来惊喜相认的前办公室主任，也有来做民俗研究的外国客人。

一位来自匹兹堡大学的教授惊讶地发现这间旧书店里竟有他20世纪80年代出版的著作，这让二人兴奋地连说带比画了半天，结果谁也没听懂对方在说什么。

当然，也有喝醉了酒发酒疯的醉汉，非说自己在店里掉了钱，足足骂了小半天。代煜也不吭声，最后才说：您觉得出气了没有？气出了，您就请吧。送走瘟神之后，代煜得到了店里客人的一致评价：您的脾气可真好。这让原来说话“咔咔咔”的她感到新鲜，或许正是从这个时候起，内观堂书店开始迈向了第二阶段——书店本身含义的阶段。

三

如今要在内观堂书店见到代煜，并不是很容易。周末她与弟妹轮流值班。至于平时什么时候开门，用她的话说，看心情。

心情好时，她上午在家给老伴做好午饭，带上自己的一份出门。坐公交车坐到一半就下车走过来，权当锻炼身体。书店门口种的紫扁豆，如今已经爬满了半面墙，夏天她就和街坊四邻在藤下乘凉唱歌。冬天天冷，她在屋里待着也不闲着，“天冷在家，正好看到《北京地名志》这本书，里面讲到的铁树斜街就是我们这条街。”于是，她借用这些素材在店门口办起了黑板报。第一期，她用了三天时间，琢磨思路，勾画排版，选粉笔颜色，如今“一小时齐活”。

虽说开书店让代煜的脾气好了不少，但依然没有改变她闲不住的性格。多年过去，当被问起开书店最困难的事

情，她说，要耐得住寂寞。因为“没人的时候，真的是很难受”。于是似乎到了某个节点，又回到了最开始的问题，她能干点什么？

“要是当年上了大学，有可能今天开书店感觉就不一样了。我也能在这里写写我的故事，对不对？但是现在不一样，那我该怎么办呢？”这一次，家人帮不了她，她得靠自己琢磨。

琢磨的结果之一，书店又增加了一个品类——代煜亲手做的手工活儿。夏天，她在门口种花种草；冬天，她则坐镇店内，把旧衣服改成书包，自己鼓捣着做给小孩穿的虎头鞋。“过去讲究给小孩穿虎头鞋，鞋头上老虎眼睛大大的，祝愿孩子一生的路走得心明眼亮。”一双手工制作的虎头鞋，她只收20块钱，很快就卖光了，还有人跑来定做。

结果之二，她又“重操旧业”，逛起了胡同。小时候，她住广渠门，就喜欢四处转悠，“河泊厂胡同有个小学，是天主教堂改建的；花市胡同的过道特别窄，将将能过车。过去，要是到前门大街，我们就会坐车过街楼，噔噔蹬地走到前门。那时候，两广路没这么宽，两辆车一错车，整个街就快堵上了……”

在代煜的记忆里，那时候的前门大街，是从扫帚疙瘩到皮草，所有要买的东西都能买齐全的地方。卖鞋的内联升，卖帽子的马聚源，亿兆百货商店货品最全，代煜经常到那里买处理的本和笔，“铅笔上没染上漆，本上压褶了一点，咱就买那种，便宜！”自从到前门大栅栏开书店，她又开始游走在前门一带的胡同，随时拍照记录下时光的变迁。陕西巷里的赛金花、小凤仙待过的旧居、程长庚的故居……她不否认如今条件是越来越好了，胡同里原来全是老式蹲坑的厕所改造并加建了隔断，还安装了空调。

胡同的样貌也发生着翻天覆地的变化，那些旧居多数改造成了宾馆、民居，或正面临着改建，名称也几经变化。代煜表示有时连她也快不认出了。有一次，赶上徒弟结婚，她去了趟西单，几十年前她们经常一家三口去北京音乐厅听音乐会，“一个人 10 块钱一张票，一家一块去就收 27 块。”但那天，她怎么也找不到地儿，身为老北京的她最后只得打电话让徒弟来接她。

这件事也间接成为她办黑板报的初衷，哪怕没工夫走进书店，多多少少也能接触点曾经的老北京文化。后来，在店里不忙的时候，她干脆带着客人到附近胡同兜兜转转。

“有客人问我，这破胡同有什么可转的？可不能说它是破胡同。我给您讲讲，都有什么人物在这里待过。”她开始有意识地做功课，“就好比咱们这条街，最早叫李铁拐斜街、铁锅斜街，是从一个姓李的铁匠来的，20世纪60年代才变成了铁树斜街。隔壁的棕树斜街最早叫王寡妇斜街，因为清朝时期有家名妓院，鸨母叫王寡妇，又用谐音雅化改成王广福斜街，现在胡同里的老人还这么叫呢……”

代煜也是从那个时候开始，慢慢知道如何和客人打交道，那就是不把客人当客人。“不管人家买不买东西，咱们都无所谓。只要他觉得高兴，那就没白忙活。”代煜说，“人与人之间就处得像朋友一样才好，是吧？”有客人建议说胡同讲解应该收费，被她拒绝。

书店门口架子上的紫扁豆的果实和种子，她摘下来送给大家。当读者大老远又把结出的豆荚给她送过来时；当讲解完胡同的第二天，她收到客人网上订购送给她的花时，那是她开书店最高兴的日子：“不开书店时真没有这种感觉，一般也经历不了，但是我经历了，感受到了这份爱。”

也是在那个时候，她知道了开书店对自己而言，最重要的是什么，“就是图一乐”，图开心。

现在要在内观堂书店见到代煜，得凭运气。如果当你迈进内观堂书店的大门，看到一位阿姨弹起藏在柜台里的老式脚踏风琴，或马上得到她热情地招呼，那么八成就是她了。别着急，店里的东西慢慢看，最近她报了画画班，学画丰子恺。成堆的旧物中间，又多了她的画作，而其他的物件，她也会详细地讲解：

这是 20 世纪 50 年代的剪报。我们那个年代，没有什么可玩的，天天除了看报纸就是看杂志，看到有趣的就剪下来。比如，我喜欢三浦友和，我就把他的照片剪下来存着。

过去，北京人家里好多都有老式相框，有大的也有小的。一般都是小得多，挂在堂屋的墙上。

来尝尝老北京的高沫儿，这是我们小时候经常喝的！一毛一两。您要问这是什么？所有的花茶不管贵的还是便宜的，筛出来的茶沫儿搁在一起，就是高沫儿。为什么大家愿意买它？因为它是各种高档茶叶的碎末混到一起，所以味道还不错。

您不用紧张，买不买都无所谓。

不客气，您慢点，再见。

内观堂书店

地　　址：北京市西城区铁树斜街胡同（近大栅栏西街）

营业时间：不确定，一般是中午到下午 6 点

正陽書局

言几又
书店文化、咖啡文化、文创生活、文化互动空间
MAKE LIFE DIFFERENT

中国现代出版从这里开始

附 录：其他线路

三味书屋

文、图 / 慕月

我接到了一个陌生的电话，电话那头的人说："我是老刘。"

"您是？……"愣了几秒钟之后，我才回过神来——这位是三味书屋的创办人之一，刘元生女士，已年逾 80 岁。

三味书屋成立于 1988 年，可谓是中国最早的民营书店之一。从对三味书屋的报道中可以得知，创办人李世强、刘元生夫妇因苦于年轻时无书可读，在二人 50 岁时，各自辞去工作，自筹十几万元创办了三味书屋。开业时，文化部副

部长曾为三味书屋题词。

三味书屋每周六举办定期讲座，请来的都是吴思、秦晖、龚鹏程、钱理群、于建嵘等文化界、经济界的名家，话题涉及社会、政治、经济等各个领域。三味书屋售卖的全部是人文类书籍，并在书店中央摆设了大量桌椅供读者阅读。2000年前后，三味书屋的鼎盛时期，书店曾有统计，他们一共卖出了十多万本图书。

然而，书并非全部。三味书屋还举办小型的音乐会。他们曾自豪地说，爵士音乐是从三味书屋开始被大家熟悉，中国民乐也是从这里走向世界的。

我于一个寒冷冬日的午后造访三味书屋。三味书屋坐落在佟麟阁路路口，这家长安街上唯一临街的书店是座二层的灰色小楼，在极为宽敞的马路、众多高楼大厦中掩映下并不显眼。静悄悄地推开大门，看到墙上密密麻麻的读者留言，这家有着30年历史的书店的辉煌过往逐渐浮出水面。

现在，二楼已经不再营业，只有书店一楼墙上贴满的当年举办讲座的照片，还能让人感受到当年“谈笑有鸿儒，往来无白丁”的辉煌。工作日的午后书店没什么人，只有一位上了年纪的店员坐在收银台后。书店中央曾经的桌椅改成了图书展台，图书数量大幅缩减，但依然保持着高水准。

正在看书时，李世强先生走了进来。他自称老李，坦言书店在讲座等活动停掉之后，经营已经十分困难。能坚持走到现在，是因为30多年过去，三味书屋已成为生活的一部分。

当然，也得益于这栋楼是他们自己的房产，但年逾古稀的他们从未想过把这位于黄金地段的房子租出去或卖出去赚大钱。“老伴有退休金，够花了。”在媒体的报道中，老李如是说。现在，老伴因为身体不好，已经不再出面，书店全部由他负责打理。聊了一会儿，老李表示要上楼去照顾老伴。

当天稍晚，我就接到了刘元生女士的电话。她一再感谢送来的礼物，并说很高兴看到现在有更多新的书店出现。至于他们的书店为什么还在勉力维持，她在电话里说：“我们只是觉得，长安街不能只有银行和商场。”

三味书屋

地　　址：北京市西城区复兴门内大街20号

（西单民族文化宫对面）

营业时间：12:00—19:00

正阳书局

文 / 慕月　图 / 曹伟

在那个零下 10 摄氏度的冬日下午跨进正阳书局的小院显然不是一个很好的主意。若在夏日，院子里万物生长，丫葫芦、眉豆、葡萄、月季花、石榴树——据说老北京家里种的，这里几乎都有，还有猫咪在花丛之中出没。

然而，在这个寒冷的冬日，一切都光秃秃的，都像镌刻着“礼乐家声远 诗书世泽长”的四合院大门门板一般褪去了颜色。似乎只有院子中央的万松老人塔默然矗立，超然于四季轮转之外。

万松老人塔是纪念金元时期佛教曹洞宗高僧万松行秀而修建的墓塔，至今已有800多年历史。因此，坐落于历史文化保护单位里的正阳书局看起来更像一个民俗展览馆。除了院子里摆放的老北京的门墩、门板、桌椅等老物件，掀开厚重的门帘，播放着古琴曲的南北屋里满满当当的全是关于老北京文化、建筑、风土人情等的旧书与古籍，最新的书，恐怕当属正阳书局出版的几本大书：1924年来自瑞典的汉学家喜仁龙撰写的《北京的城墙和城门》，收录了两位摄影师拍摄的20世纪50年代和2010年前后北京城市对比照片的摄影集《两代摄影师，一座北京城》，以及著名历史地理学家侯仁之先生的学生、北京地理学会副理事长朱祖希撰写的《北京城：中国历代都城的最后结晶》。书桌上摆着兔儿爷，时值寒冬，店里正售卖“九九消寒图”。

2014年，正阳书局搬至这个颇具历史的小院儿。在此之前，正阳书局一直驻扎在前门大栅栏廊坊二条，掌柜崔勇出生、成长的地界儿。“七代没有动过窝儿，一直就住在大栅栏。”作为一个土生土长的老北京，他第一次对故乡文化着迷，还是在所住的胡同要拆迁的时候。收拾家当时，他从家里的床铺底下翻出一张先人在老宅里拍摄的四世同堂的全家福，以及一本他曾祖父撰写的家族回忆录。“这照片从哪儿来，照片里都是些什么人，这些人以前是干什么的……”为了搞清楚这些，他上了道。

其时，崔勇 24 岁，自称从小不爱看书的胡同串子开始频繁出入旧货市场。至 2009 年 4 月正阳书局正式开张时，不足 15 平方米的小店里，已经被他从各处收集来的东西塞得满满当当。老桌椅、老地图、城砖、胡同门牌、票据……还有几千册和老北京文化相关的旧书，其中包括第一部记述北京历史的著作——清康熙二十七年刊印的《日下旧闻》、民国年间系统研究北京话的《北平音系十三辙》、张恨水审定的介绍 20 世纪 30 年代的老北京《北平旅游指南》……尽管开张时生意并不太好，但有一小半的存书只能看不售卖。崔勇还张罗着各类文化活动，因为书局当时地方太小，由街道协调到附近的东来顺饭馆举办。为避开营业高峰，崔勇组织的文化讲座早上 9 点开始，读者不得不在周末起得

比工作日还要早。

在一次采访中，崔勇说："我觉得我不是书店老板，倒像是个坐堂大夫，每天开方子，解的是北京人的乡愁。"他用自己的方式，希望把老北京的点点滴滴都留住，凭借的就是多年练就的独特眼力、敏锐直觉，以及一头扎进老北京文化的热情。

2013年年底，北京市西城区文化委员会找到崔勇。2014年4月，崔勇连同他的正阳书局，浩浩荡荡地搬进了位于西四南大街的万松老人塔院。

正阳书局由此转变为立足于传播北京文化的非营利性公共阅读空间，崔勇成了守塔人，同时也是老北京文化的守护者。

如今，在正阳书局80平方米的室内空间里，有1万多本和老北京有关的图书文献，据说还有更多资料，因为空间有限被他放在附近的库房里。

2018年前后，崔勇启动了正阳文库的出版计划，他执着地坚信："文字里记载着北京这座城市3000多年的建城史，800多年的建都史，也记录着北京今天乃至未来的发展。"

正阳书局

地　　址：北京市西四南大街43号
万松老人塔院内（砖塔胡同东口南侧）

电　　话：010-66116311

营业时间：9:00-21:00

纸上声音书店

文、图 / 慕月

闫兵对我说：你看我的书，10 块钱一本；这个桌子，我收的，才 30 块钱；我们这个小房子（咖啡区），装修一共才花了 3000 块钱。

出阜成门地铁站，往前走个几百米，就可以看到这家地址十三不靠、名字从没听说过、仿佛石头缝里蹦出来的书店——纸上声音书店。大门上贴着一张黑白打印纸，上书：店内书籍 10 元一本。对此闫兵表示，他是故意这么写的。其目的，就是让包括我在内的读者先有一种错误的心理预

数字城堡
黑格尔的客观哲学
本色
AUDRAPDESUED
Costum
DUPON

TOM
HANKS

大减价
¥15元一本

判，“可能卖的是盗版书”，然后进来一看，“哎！哟！嘿！”

不到300平方米的书店分为两层，一楼的书一律10元一本，二楼的书一律六折。但绝对不同于你见过的众多卖10元一本的地摊书。

一进门，迎面展台摆放的是谢泳、陈丹青等人的著作。后面的大展台和书架从设计、艺术、儿童书籍到文史哲，分类明确，无所不包。从出版年限来看，售卖的皆是旧书，但品相看起来却和新书并无太大区别。至少不像我们想象中的旧书，灰头土脸的，纸张都泛着黄。最令人惊讶的是，第二天再去，进门展台的书居然又换了一批。

纸上声音书店从装修到选品，有一种说不上来的混搭风。书都是旧书，书店却看上去像个新书店，宽敞明亮，还在二楼设有独立的咖啡区，并且养着猫。当然，装修也谈不上特别的高大上。

如闫兵所说，他完全可以不装修，全卖书。搞点调调，是为了给大家一种与时俱进的感觉,反正本身也没花多少钱。

闫兵是纸上声音书店的创办人。来自河南商丘的他看起来其貌不扬，穿着打扮也很随意。“书店给别人提供的是一个浪漫的场所，但老板自己不能。我有两辆车，每天拉货，什么都干。”他做书店20多年，然而多数同行都不知道他，他也没接受过任何采访，甚至连央视的邀约都被他拒绝了，“我们小作坊，能养活自己，无所谓。”

20多年间，他开了不下20家书店，搬了不知道多少次家。但唯一不变的是，他一直做出版社的尾货，并在图书的选品上，始终坚持几个原则：

第一个原则，他要能捡到漏儿，那么顾客也能。他说，店门口写着“10元一本”是他的策略，先调低读者的期待值，误以为是卖盗版书的，但进来以后一看，顿时产生了购书欲望。“所以哪怕我 9 块钱进的，我也卖 10 块。”

第二个原则，不卖盗版书，少卖鸡汤书。“我当然知道钱挣得越多越好，但很多人来一趟北京，哪怕什么印象都没留下，能买到一本很值的书，有这种感觉也算是没白来。他们也会发朋友圈分享，当其他人知道这本书才 10 块钱，一定会问在哪里买的，如此一来也算做了变相推广。”

闫兵开书店多年，给我讲了不少精彩故事。但他依然对采访没有太大兴趣，“还是别写了”。如今，挂着“纸上声音”招牌的书店，只有阜成门一家。我问纸上声音有什么含义，闫兵表示这是个秘密，现在不能透露。

什么时候能透露？他说，他也在等待那一天，开最像书店的书店的那一天。

“什么叫像书店？并不是说环境舒服，而是书看了非常舒服。哪怕是书架，也非常自然。”

纸上声音书店

地　　址：北京市西城区南礼士路 1 号
（万通商城对面）
电　　话：010-68031118
营业时间：周一至周日 9:00-22:30

文节 摄影

模范书局 · 诗空间

文 / 模范书局

中华圣公会教堂，始建于 1907 年，是基督教中华圣公会在华北地区建设最早、规模最大的中心教堂。该教堂由英国人、中华圣公会教区主教史嘉乐（Charles Perry Scott，1847-1927）主持建造，坐北朝南，其平面为拉丁“十”字形，顶部有两个八角亭作为天窗和钟楼。立面门窗为仿哥特式，山墙和屋面采用了中国清式硬山建筑做法。该教堂是教会建筑中体现中国传统建筑风格的早期作品。2001 年公布为北京市市级文物保护单位。

文节　摄影

如今中华圣公会教堂内部被改造为模范书局·诗空间，为读者提供阅读空间和购书服务。这已经不是模范书局第一次改造升级老建筑了。升级改造文物保护单位，对于姜寻以及整个设计团队来说，是一次更好地了解历史、触摸文化的过程。

“与神圣最接近的就是教堂，重新架构的根本就是尊重建筑本身，并赋予更多的意义。修旧如旧的升级过程并不容易，加固原初建筑的同时，增加更多实用性，并将之打造成更好的阅读空间是整个设计团队的终极目的。”

模范书局·诗空间

地　　址：北京市西城区佟麟阁路 85 号
　　　　（中华圣公会教堂旧址）
电　　话：010-66023321
营业时间：10:00-18:30

三联韬奋书店

文 / 文森

2014 年 4 月 23 日，三联韬奋 24 小时书店携着诗一般的签名“当城市进入午夜，书店就是灯火”，在美术馆东街开业了，是为北京第一家 24 小时书店。

多少带着“首个”效应，三联韬奋书店 24 小时的标签，在北京取得极大成功，影响力空前。一些爱书的青年学生到京旅行时间有限，哪怕故宫长城不看，也会慕名而来。在文化产业高度聚集的北京，也称得上一个醒目的打卡坐标。基于此，三联韬奋书店于次年即 2015 年 3 月，顺势在高校林立的“宇宙中心”海淀区五道口，开设第二家24小时书店。2018年6月，又在三里屯开设同样24小时定位的新店。

在老北京四九城的棋盘格局中，三联韬奋书店美术馆店的坐标可谓黄金地标，地理位置相当优越。一条马路之隔，就是中国美术馆。北面是比较典型的老北京东城胡同区。向西五四大街，往东是文化出版机构云集的东四地区。在长期闭店修整之后，地铁线路由热闹的南锣鼓巷向南延伸至美术馆站，更像为书店架设了“专列”。2019年年底，重修工程竣工，万众瞩目，重张开业。

京城的夜晚月色依然，宽阔的街道，偶有路过的车流声。路灯列队，引向通明的书店。店里特意摆设舒适的阅

生活·讀書·新知
生活日報

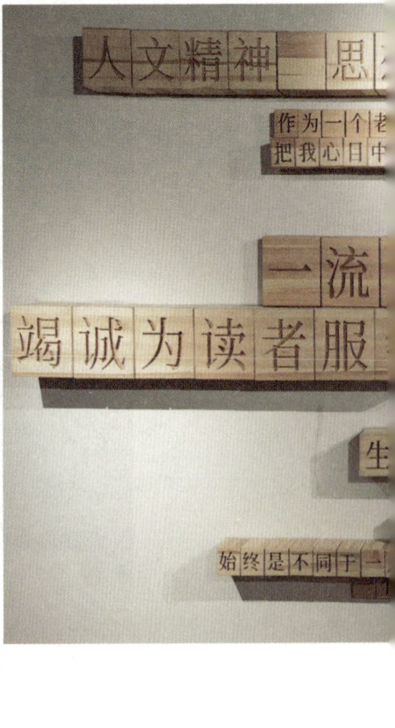
人文精神 思
作为一个
把我心目中
一流
竭诚为读者服
生
始终是不同于一

读者留言

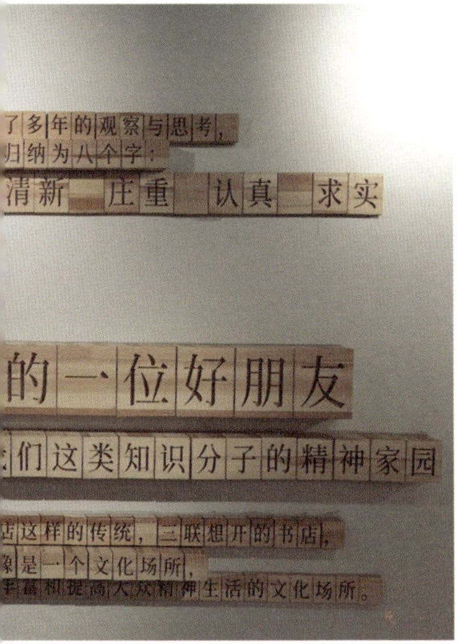
了多年的观察与思考，
归纳为八个字：
清新 庄重 认真 求实
的一位好朋友
们这类知识分子的精神家园
店这样的传统，三联想开的书店，
是一个文化场所，
富和提高人民精神生活的文化场所。

读桌，提供夜读台灯等，力保冬暖夏凉。夜读生活少不了咖啡，书店与咖啡馆联动经营，之后也成了实体书店经营的一种“标配”。

由于24小时无间断经营为读者带来的便利，以及书店本身独具的开放魅力，三联韬奋书店还成为一些年轻北漂一族夜宿的最佳首选。据《北京青年报》采访，曾经有几个年轻人在书店待了72个小时，后来一问才知道他们是来找工作的。三联书店总经理表示，如果有流浪汉进门读书，他们也欢迎。

书店的夜里灯火阑珊，不止照慰人与书，还在书外提供一种生活，隐然点亮了读者心间一种灿烂的情愫。这种欣欣然，从三联韬奋开始蔓延，有意开满北京城。

三联韬奋书店·美术馆店

地　　址：北京市东城区美术馆东街22号

电　　话：010-84040989

涵芬楼书店

文 / 慕月　图 / 文森　慕月

仅就探访书店来说，王府井是个很有意思的地方。繁华喧闹的王府井步行街的一头，是新开张的言几又书店。另一头安静的美术馆附近，则是历史悠久、因 24 小时书店而重新进入大家视野的北京三联韬奋书店美术馆店。从这头走到那头的过程中，你会路过王府井图书大厦、外文书店，再往前走，两头都不挨着的就是涵芬楼书店。

涵芬楼书店离北京人民艺术剧院很近，但我在北京的 7 年里，曾多次来人艺看话剧，却从未留意旁边有这么一家书店。这次有意造访涵芬楼，我才意识到是书店门口的十数级台阶挡住了我的视线，让我晚了数年进入这家颇具历史渊源的隶属商务印书馆的涵芬楼书店。

涵芬楼前身并不是书店，而是与 1897 年在上海成立的商务印书馆的藏书楼，其历史可以追溯至 20 世纪初。1903，戊戌维新人物、翰林出身的张元济受邀主事商务印书馆编译所，初到上海，他时常苦于典籍的匮乏，因此倡议商务印书馆广泛收集古籍善本，创设涵芬楼（1909 年正式定名），意为善本书香、知识芬芳。之后，涵芬楼作为图书收藏室，中外图书兼收。至 1924 年，迁入五层东方图书馆的涵芬楼已藏有 37000 卷善本书和珍贵抄本，其中包括十二卷濒于失传的《永乐大典》，以历代珍本而驰名于世。据说，茅盾之所以成为商务印书馆的员工，“不为名，不为利，只贪图涵芬楼藏书丰富，中外古今齐全，借此读点书而已”。

然而不幸的是，涵芬楼未能逃脱时局的动荡。1932 年 2 月，因日本浪人潜入馆中纵火，包括涵芬楼内大量善本在内的约 46.3 万余册图书在火海中化为灰烬。

在张元济入商务印书馆 100 年之际，即 2003 年，涵

芬楼作为一家书店开张了。迈上高高的台阶，小楼一共三层，约 1500 平方米，就像所处的地带一般，既并不十分华丽，也不过分陈旧。

进门的一楼售卖畅销、热销、常销书，二楼开辟为艺术馆，举办文化和培训课程活动，地下一层主要以人文类书籍为主。总体而言，无论从装修、格局、选书等层面来说，涵芬楼都说不上有多特别。如果一定要说特点，我想说在今天书店行业营造的以情动人的温暖氛围中，涵芬楼却是一家不过分热情的书店。它的总体色调是清冷的雅致的，偌大的没有窗的地下一层尤其如此。

那是一个非常寒冷的下午，店里没有几个顾客，也没有几个员工。在这个一览无余、目测有上万册人文书籍的地下大厅里，我意外获得了一种随意挑挑拣拣、翻翻看看的自在，没有人管，也没有人烦，甚至连时间都忘掉了。最后怀揣几本好书，以及暗戳戳的喜悦，上到一楼重见光明。

“数百年旧家无非积德，第一件好事还是读书。”如今，张元济题写的对联还在诉说着商务印书馆和涵芬楼的历史。所以，尽管门口的台阶和店里的楼梯风格似乎有点不太搭调，但这栋如同遗世独立之所在的涵芬楼，值得你来发现它。

涵芬楼书店

地　　址：北京市东城区王府井大街 36 号

电　　话：010-65219278 65595282

营业时间：9:00-20:00

言几又书店

图 / 文森

言几又书店

地　　址：北京市东城区王府井大街 269 号
王府中环西楼 1-2 层
电　　话：010-65255808
营业时间：10:00-22:00

致谢

慕月

首先，再次感谢接受我采访的各位北京独立书店的创办人、店长及店员。你们的分享给了我非常大的启发，也扩展了我的视野。

其次，感谢在北京时协助我采访、拍照的志愿者们，排名不分先后：杜伊凡、王曦、郑文静、曹伟、罗心怡、嘉欣。也感谢当时我的同事育纯，因为有你在工作上的协助，我才得以抽出时间前往北京，完成这次长达一个月的探访。

再次，感谢在书店探访上给予我指点和帮助的孙谦、文森，你们的推荐让我又发现了不少好书店。感谢雅倩帮忙引荐出版社并为本书写推荐序。没有你们的帮助，就没有本书的问世。

最后，感谢收留我一个月，并“赞助”了我一身行头使我免于冻毙在街头的汐汐，以及轮番请我吃饭，让我省了不少钱的北京的各路狐朋狗友们。

最后的最后，感谢 1200bookshop 给我这次机会，这次探访是我在书店工作中最大的收获之一。

2020 年 12 月 19 日

参考资料

豆瓣书店：一家只卖滞销书的书店
作者：刘敏　来源：GQ

曾在豆瓣书店做店员
作者：八月　来源：参差书店微信公众号

《“野草”刚倒下，又获美丽新生》
作者：路艳霞　来源：北京日报

《再见，野草：这家在北大开了 14 年的书店搬走了》
作者：潘文捷　来源：界面文化

《重新认识书店——彼岸书店十周年》
作者：赵越超
来源：彼岸书店微信公众号

当艺术遇上书店：书籍需要被仰视
作者：袁新雨　来源：北京晚报

《彼岸书店开店日记》
作者：赵越超　来源：《北京书店印象》，严彬主编，中央编译出版社，2016

《我的青春和鸡血，都在宇宙中心五道口》
作者：木兰　来源：地道风物

《五道口：走向沉闷的赛伯朋克世界》
作者：宗城　来源：706 青年空间

《蓝羊书坊：百无聊赖的幸福感》
作者：曾炫　王玉燕
来源：《书香两岸》杂志，2011 年 7 月

《用杂志连接更多创造者 | 言 YAN-BOOKS 主理人专访》
作者：鱼尔布开克

《辞职在北京开书店，他们没卖情怀也能撑下来》
作者：欲姑娘

《佳作书局 朱帅：靠梦想和情怀开书店，我觉得有点扯》
来源：艺术云图

《书香北京朝阳逛书店：佳作书局 76 年老店“圈粉”依旧》
来源：北京晚报

《艺术遇上书店》
来源：北京晚报

《三联韬奋书店：何以从亏损两千万的死亡线上活过来》
来源：北京晚报

《知的资本论》
作者：增田宗昭　中信出版社，2017 年

《北京和平里北街老厂房再添阅读空间，码字人书店今起迎接读者》
来源：北京日报

《实体书店消费简史》《第三个本命年，我开了一家电影诗歌书店》
作者：李苏皖
来源：码字人指南微信公众号

《石景山老厂房变身阅读空间》
来源：北京晚报

《石景山老厂房里的书店变革》
来源：北京日报

《全民畅读：筑就城市中的精神家园》
来源：北京时间

《付费讲座，有人气无钱途？》
来源：北京日报

北京卫视 BTV-1《创意中国》第二季第六期

《模范书局：钟情书版，独辟书径》
作者：韦力

《一个故事告诉你京城闹市中最文艺书局的秘密》
作者：华欣欣　来源：界面

《姜寻：在模范书局，寻找旧时光》
作者：李璐　来源：CRI

《模范书局》
作者：何沐恬　来源：旅读中国

《姜寻：新型阅读空间的融合与发展》
来源：北京阅读季

《姜寻：我愿意活在古人的优雅里》
来源：财富派

《你读的书里，藏着你的三观》
来源：十点读书

《深藏胡同中的旧书店》
作者：issaachan　来源：豆瓣

《内观堂书店深藏在胡同里的解忧杂货铺》
作者：魏冠宇　来源：北京青年报

《花满室时亦满心——你不曾见过的书店老板丨解码中国》
来源：中国日报

《走进内观堂 贩卖旧时光》
来源：健康之友

《崔勇 胡同里的书香人生》
作者：何安安　来源：新京报

《崔勇：老书店的年轻掌柜》
作者：韦雨舟　来源：北京日报

《正阳书局的“掌柜”崔勇是一位80后北京青年》
来源：出版商务周报

《正阳书局：非典型书店与“反常”的读者》
来源：广州日报